essentials

Essentials liefern aktuelles Wissen in konzentrierter Form. Die Essenz dessen, worauf es als „State-of-the-Art" in der gegenwärtigen Fachdiskussion oder in der Praxis ankommt. Essentials informieren schnell, unkompliziert und verständlich.

- als Einführung in ein aktuelles Thema aus Ihrem Fachgebiet
- als Einstieg in ein für Sie noch unbekanntes Themenfeld
- als Einblick, um zum Thema mitreden zu können.

Die Bücher in elektronischer und gedruckter Form bringen das Expertenwissen von Springer-Fachautoren kompakt zur Darstellung. Sie sind besonders für die Nutzung als eBook auf Tablet-PCs, eBook-Readern und Smartphones geeignet.

Essentials: Wissensbausteine aus Wirtschaft und Gesellschaft, Medizin, Psychologie und Gesundheitsberufen, Technik und Naturwissenschaften. Von renommierten Autoren der Verlagsmarken Springer Gabler, Springer VS, Springer Medizin, Springer Spektrum, Springer Vieweg und Springer Psychologie.

Roland Eckert

Herausforderung Hyperwettbewerb in der Branche

Strategie und strategisches Geschäftsmodell im Fokus

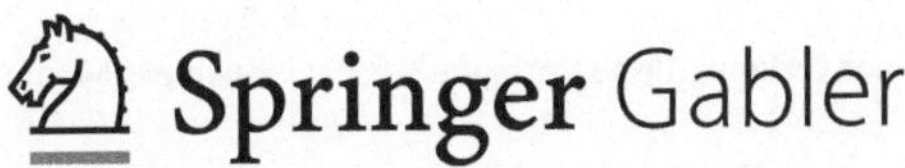

Dr. Roland Eckert
Düsseldorf
Deutschland

ISSN 2197-6708 ISSN 2197-6716 (electronic)
essentials
ISBN 978-3-658-11259-2 ISBN 978-3-658-11260-8 (eBook)
DOI 10.1007/978-3-658-11260-8

Die Deutsche Nationalbibliothek verzeichnet diese Publikation in der Deutschen Nationalbibliografie; detaillierte bibliografische Daten sind im Internet über http://dnb.d-nb.de abrufbar.

Springer Gabler

Gedruckt auf säurefreiem und chlorfrei gebleichtem Papier

Springer Fachmedien Wiesbaden ist Teil der Fachverlagsgruppe Springer Science+Business Media (www.springer.com)

Vorwort

Dieses Essential basiert teilweise auf dem Buch „Business Model Prototyping. Geschäftsmodellentwicklung im Hyperwettbewerb" von Dr. Roland Eckert (Springer Gabler, 2014). In diesem Zusammenhang wurden die im Buch dargestellten Überlegungen durch aktuelle Forschungsergebnisse des Autors ergänzt.

Der Schwerpunkt des vorliegenden Essentials liegt auf dem Hyperwettbewerb in der Branche, in einem zweiten, parallel erscheinenden Essential liegt der Schwerpunkt auf dem (Hyper-)Wettbewerb in der Wettbewerbsarena.

Was Sie in diesem Essential finden können

Der vorliegende Beitrag der Essentials-Reihe beschäftigt sich insbesondere mit der Strategie- und Geschäftsmodellentwicklung in den Zeiten der Digitalisierung und des Hyperwettbewerbs, insbesondere wird hierbei auf die Herausforderungen eines „Branchen-Hyperwettbewerbs" eingegangen.

Im ersten Abschnitt steht zunächst der Begriff des Hyperwettbewerbs im Mittelpunkt. Im Anschluss werden die bekannten Überlegungen zum klassischen Branchenwettbewerb dargestellt. Darauf aufbauend werden die klassischen Strategie- und Geschäftsmodellansätze weiterentwickelt und an die Herausforderungen des Branchen-Hyperwettbewerbs angepasst. Es wird sich herausstellen, dass der Hyperwettbewerb deutliche Veränderung auf die strategische Positionierung eines Unternehmens haben wird. Zudem wird sich zeigen, dass es in den Zeiten des Hyperwettbewerbs nicht mehr reicht, sich nur auf das operative Geschäftsmodell zu konzentrieren. Stattdessen muss das strategische Geschäftsmodell – der „Business Model Prototype" – zunehmend in den Fokus kommen.

Den Abschluss bilden dann einige Handlungsempfehlungen für das Management.

Inhaltsverzeichnis

Der Autor

Dr. Roland Eckert ist Professor an der FOM Hochschule für Ökonomie & Management und gilt als ausgewiesener Experte in allen Fragen der Strategieentwicklung und -umsetzung, der Geschäftsmodellentwicklung, der Geschäftsmodellinnovation sowie der Unternehmensreorganisation und -restrukturierung. In diesem Zusammenhang beschäftigt sich Prof. Eckert bereits seit Jahren mit den Herausforderungen des Hyperwettbewerbs.

Prof. Eckert hat mehr als 18 Jahre in leitenden Positionen für namhafte internationale Beratungsunternehmen gearbeitet und eigene Geschäftsbereiche geleitet. Seine Kunden umfassten sowohl Großunternehmen als auch mittelständische Unternehmen verschiedener Branchen. In den letzten Jahren hat Prof. Eckert auch verschiedene mittelständische Beratungsunternehmen in der strategischen Neuausrichtung und in der Erarbeitung neuer Geschäftsmodelle aktiv unterstützt.

Prof. Eckert publiziert regelmäßig in bekannten Fachmagazinen zu den Themen Geschäftsmodellentwicklung, Organisationsentwicklung, Restrukturierung, Projekt- und Prozessmanagement sowie Mergers & Acquisitions/Post Merger Integration.

Herausforderung Hyperwettbewerb 1

Der Begriff des Hyperwettbewerbs hat sich zu einem allgemeinen Schlagwort entwickelt. Dabei steht der Begriff allgemein für eine zunehmende Dynamisierung des Wettbewerbsgeschehens. So hat bspw. der Management- und IT-Dienstleister Accenture Anfang des Jahres 2012 die Ergebnisse einer Unternehmensstudie vorgestellt (vgl. Welt am Sonntag 2012, S. 34), bei der es um die bekannte Frage ging, wie Unternehmen es schaffen, besser zu sein als ihre Wettbewerber und dies auch zu bleiben. Im Rahmen dieser Studie hat sich gezeigt, dass es massive Verschiebungen in der Rangliste gegenüber dem Vorjahresergebnis gab. So fielen u. a. 13 bisherige „Siegerunternehmen" aus der Liste heraus und wurden durch neue Wettbewerber ersetzt. Genau diese zunehmende Dynamik wurde in der Studie als Beleg für den zunehmenden Hyperwettbewerb interpretiert.

Bekannt wurde der Begriff „Hyperwettbewerb" durch den US-amerikanischen Managementforscher D'Aveni (1994). D'Aveni hat im Zusammenhang mit seiner Forschung zum Thema einige wesentliche Merkmale des Hyperwettbewerbs identifiziert, die diese zunehmende Dynamisierung und deren Auswirkungen näher beschreiben. Das Thema „Hyperwettbewerb" wird auch deshalb zunehmend bedeutsam, da die modernen Phänomene (z.B. Digitalisierung) durchaus mit dem Hyperwettbewerb in Verbindung gebracht werden können. So werden bestehende Wettbewerbsvorteile zunehmend schneller von den Wettbewerbern wieder aufgehoben. Anstelle von Stabilität und Gleichgewicht im Wettbewerbsgeschehen geht es für Unternehmen im Hyperwettbewerb dann auch immer mehr darum, den vorherrschenden Status quo in der bestehenden Wettbewerbslandschaft durch Innovationen selbst aktiv zu erschüttern (vgl. auch Eckert 2014).

R. Eckert, *Herausforderung Hyperwettbewerb in der Branche,* essentials,
DOI 10.1007/978-3-658-11260-8_1

1.1 Kennzeichen Hyperwettbewerb

Der Begriff „Hyperwettbewerb" hat sich zu einem festen Bestandteil im allgemeinen Sprachgebrauch etabliert und steht für die zunehmend dynamischen Veränderungen im Markt- und Wettbewerbsumfeld von Unternehmen. Begründet wurde der Begriff „Hyperwettbewerb" von D'Aveni, der in seiner Forschung einige wesentliche Charakteristika des Hyperwettbewerbs identifizieren konnte. Folgt man diesen Überlegungen von D'Aveni, so kann man zunächst einige wesentliche Kennzeichen benennen (vgl. D'Aveni 1994, S. 163 f. und zusammenfassend auch Eckert 2014, S. 37 ff.):

1. *Verfallszeit von Wettbewerbsvorteilen:* Im Hyperwettbewerb nimmt die Bestandszeit von Wettbewerbsvorteilen immer mehr ab. Dies bedeutet dann aber auch, dass Unternehmen die eigenen Wettbewerbsvorteile permanent infrage stellen und zerstören müssen, um Vorteile gegenüber ihren Konkurrenten zu haben. Auch auf der Produktebene bedeutet dies dann, dass man akzeptieren muss, dass neue Produkte bestehende Produkte teilweise kannibalisieren.
2. *Verfallszeit von Markteintrittsbarrieren:* Markteintrittsbarrieren sind nur so lange wirksam, wie der Wettbewerb diese für wirksam oder als abschreckend ansieht. Häufig können bestehende Wettbewerbsbarrieren jedoch durchaus überwunden werden, wenn die Wettbewerber dies aktiv anstreben.
3. *Überraschendes Agieren im Wettbewerb:* Im Hyperwettbewerb müssen Unternehmen überraschend agieren, d. h. der nächste Schritt eines Unternehmens darf durch die Konkurrenten nicht einfach vorhersagbar sein. Rein logisches Denken im Unternehmen führt jedoch dazu, dass die Aktivitäten eines Unternehmens vorhersagbar werden. Die propagierte Irrationalität darf aber nicht dazu führen, dass ein Unternehmen „verrückt agiert".
4. *Abnehmende Bedeutung der Langfristplanung:* Die traditionelle Langfristplanung gibt keine Sicherheit für den langfristigen strategischen Zeithorizont. Langfristplanung im traditionellen Sinne setzt die Nachhaltigkeit von Wettbewerbsvorteilen voraus, die im Hyperwettbewerb nicht mehr gegeben ist
5. *Abnehmende Aussagekraft der SWOT-Analyse:* Ein Fokus auf die Schwächen der bekannten Branchen-Wettbewerber kann ein Fehler sein. Deshalb können SWOT-Analysen Ergebnisse und Eindrücke vermitteln, die im Hyperwettbewerb zu den falschen Entscheidungen führen können.
6. *Permanentes Suchen nach Chancen und Opportunitäten:* Unternehmen müssen permanent ihre Chancen bzw. ihre Opportunitäten suchen, um zu gewinnen. Dennoch wird ein Übertrumpfen des Wettbewerbers immer schwieriger.

Fasst man diese Merkmale von D'Aveni zum Hyperwettbewerb zusammen, so scheinen insbesondere nachhaltige Wettbewerbsvorteile im Hyperwettbewerb zukünftig nur noch die Ausnahme zu sein. Dies gilt umso mehr für technologie- und innovationsorientierte Unternehmen aus den bekannten Branchen (z. B. Automotive, Industriegüter, Medizintechnik), die durch eine zunehmende Digitalisierung geprägt sind. Anstelle von Stabilität und Gleichgewicht im Wettbewerbsgeschehen geht es für Unternehmen im Hyperwettbewerb dann zunehmend darum, den vorherrschenden Status quo im Wettbewerb selbst aktiv zu erschüttern (vgl. Eckert 2014, S. 37 ff.).

1.2 Hyperwettbewerb und Digitalisierung

Neben dem Hyperwettbewerb hat sich auch die „Digitalisierung" einen festen Platz in den Diskussionsforen erarbeitet. Aus unserer Sicht kann „Digitalisierung" als wesentlicher zukünftiger Treiber im Hyperwettbewerb angesehen werden.

Der Begriff der Digitalisierung hat in den letzten Jahren zunehmend an Bedeutung gewonnen. Dennoch scheinen manche Begriffsinterpretationen noch immer auf die Zeit der „New Economy" Anfang der 1990er-Jahre zurückzugehen. Betrachtet man „Digitalisierung" genauer, so können derzeit in der Praxis mindestens drei unterschiedliche Begriffsbeschreibungen identifiziert werden:

1. *Automatisierung der Wertschöpfung:* In einer ersten und älteren Begriffsdefinition versteht man unter dem Begriff „Digitalisierung" die Nutzung von „technologies to automate existing value chain capabilities" (vgl. z. B. Roland Berger o. J.). Digitale Technologien und digitalisierte Prozesse dienen dann insbesondere der operativen Prozessverbesserung in und zwischen Unternehmen. Durch die Automatisierung der unternehmensinternen und -externen Wertschöpfungskette vom Lieferanten bis zum Kunden soll eine deutliche Reduzierung der Zeit und der Kosten bei einer gleichzeitigen Verbesserung der Kundenzufriedenheit erreicht werden (vgl. Abb. 1.1).
2. *Intelligente Wertschöpfung:* In einer neueren Begriffsdefinition steht „Digitalisierung" zunehmend als Synonym für eine „intelligente Wertschöpfung" und damit als Synonym für eine neue Kompetenz in einem Unternehmen. Diese neue Kompetenz entsteht durch die zunehmende Konvergenz von „social, mobile, cloud and analytics (SMAC) technologies" (vgl. Thomas et al. 2013). Durch die Nutzung dieser sogenannten SMAC-Technologien soll die Wertschöpfungskette nicht mehr nur im erstgenannten Sinne effizienter werden. Vielmehr soll die digitale Unternehmenskompetenz dazu beitragen, die Wertschöpfungskette „smarter" und „intelligenter" zu gestalten.

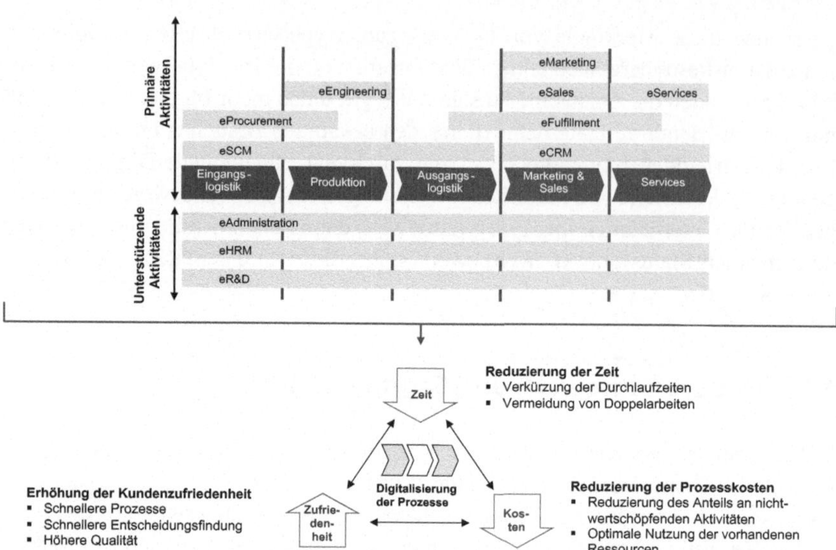

Abb. 1.1 „Digitalisierung" als Technologie zur Prozessautomatisierung. (eigene Abbildung in Anlehnung an Eckert (2014a))

„Intelligent" ist eine Wertschöpfungskette, wenn durch SMAC-Technologien eine verbesserte Zusammenarbeit zwischen Menschen und Maschinen sowie zwischen Maschinen und Maschinen erzeugt werden kann. Wird diese digitale Kompetenz in diesem Sinne interpretiert, dann geht es eben nicht mehr nur primär um Prozesseffizienzen, sondern um die Neugestaltung der Strukturen und Prozesse in und zwischen Unternehmen. Für diese Neugestaltung haben sich auch neue Begriffe wie z. B. „Rapid Iteration", „Process Recombination" oder auch „Edge-Centricity" in der Unternehmenspraxis etabliert (vgl. Eckert 2014a):

- *Rapid Iteration* steht für einen „experiment-driven approach in combination with rapid data analysis".
- *Process Recombination* bezeichnet die „re-allocation of work processes between people and intelligent tools/robots".
- *Edge-Centricity* steht für die zunehmende Verlagerung der Entscheidungskompetenzen an die Entscheidungsstellen im Unternehmen, wo diese Entscheidungen letztendlich aufgrund der operativen Nähe zum Geschehen auch tatsächlich getroffen werden sollten (vgl. Abb. 1.2).

Intelligente Wertschöpfungskette

F&E	Einkauf & Beschaffung	Produktion	Supply Chain	Sales & Marketing	Kunde
„Co-Innovation" von neuen Produkten und Dienstleistungen durch Digitalisierung	„Collaboration" mit Lieferanten und Partnern durch Digitalisierung	Verbesserung der Integration entlang der Wertschöpfungskette durch Digitali-ierung	Verbesserung des Vorratsmanagements durch Digitalisierung	Verbesserung der Planung und Identifizierung neuer Umsatzpotenziale durch Digitalisierung	
Beispiele • Virtual prototyping • Virtual labs • …	Beispiele • Supply-volatility analytics • …	Beispiele • Plant automation • Resource optimization • Remote monitoring • eKanban • …	Beispiele • Automated warehouse and route management • …	Beispiele • Customer analytics • Dynamic pricing • …	

Konsequenzen (Beispiele)

Intelligente Wertschöpfungsketten haben einen Einfluss auf die Aktivitäten der Mitarbeiter, u.a.:

- **Rapid Iteration**: Experiment-basierter FuE-Ansatz in Verbindung mit „rapid data analysis"
- **Process Recombination**: Neu-Verteilung der Aktivitäten und Arbeitsprozesse zwischen Menschen und intelligenten Robotern
- **Edge-Centricity**: Verlagerung der Entscheidungen und Verantwortlichkeiten an die operativen Entscheidungspunkte in der Organisation

Abb. 1.2 „Digitalisierung" als neue Kompetenz im Unternehmen. (eigene Abbildung in Anlehnung an Eckert (2014a))

3. *Intelligente Produkte:* Eng verbunden, aber nicht identisch mit der zweiten Begriffsdefinition ist auch die dritte Begriffsdefinition der Digitalisierung – der Begriff des „Internets der Dinge". Gerade das Internet der Dinge scheint sich zu einem wesentlichen Treiber im Branchen-Hyperwettbewerb zu entwickeln.
   Die Digitalisierung im Sinne eines „Internets der Dinge" ist durch eine wachsende Anzahl intelligenter und vernetzter Produkte geprägt. Dabei ist das wesentliche Element nicht das Internet oder die damit zusammenhängenden Prozesse im Sinne einer intelligenten Wertschöpfungskette, sondern die Wesensveränderung der „Dinge" im Rahmen einer vernetzten Produktarchitektur.

> Das grundlegend Neue ist nicht das Internet, sondern die Wesensveränderung der „Dinge". Die erweiterten Funktionen intelligenter, vernetzter Produkte und die von Ihnen erzeugten Daten sind das eigentlich Revolutionäre, das eine neue Ära des Wettbewerbs einläutet. Für Unternehmen ist es wichtig, dass sie nicht bei den einzelnen Technologien hängen bleiben, sondern sich auf die Veränderung des Wettbewerbs konzentrieren, die durch die neue Produktkategorie ausgelöst wird. (Porter und Heppelmann 2014, S. 36)

Obwohl die smarten Produkte primär auf die Produktarchitektur bzw. auf das Produktsystem wirken, haben die vernetzten und intelligenten Produkte auch Auswirkungen auf die bereits genannte intelligente Wertschöpfung. Intelligente „smarte" Produkte können durch den Einsatz von Sensoren zunehmend Überwachungs-, Steuerungs-, Optimierungs- und Automatisierungsfunktionen übernehmen. Die smarten Produkte führen hierdurch nicht nur zur Veränderung der Prozesse, sondern auch zu einer Veränderung der Branchenstrukturen und der Wettbewerbsintensität in der Branche (vgl. Porter und Heppelmann 2014, S. 43 ff.).

2 Traditioneller Wettbewerb in der Branche

Wie bereits dargestellt hat die Digitalisierung zunehmend Auswirkungen auf die Strukturen der Branchen und damit auch auf den Branchenwettbewerb. Unter dem Branchenwettbewerb verstehen wir die traditionelle Vorstellung, dass ein Unternehmen sich auf die bekannten Unternehmen der eigenen Branche im Wettbewerbsvergleich konzentriert. Die alten und die neuen Wettbewerber in der eigenen Branche werden analysiert, Best Practices identifiziert und sofern nötig in Teilen kopiert. Im Mittelpunkt dieser Analysen stehen dann aber in der Regel die bekannten strategischen und operativen Themen: So wird im Industriegüterbereich das bekannte „Danaher Business System“ (DBS) analysiert, um auch im eigenen Unternehmen die eigene operative Performance zu verbessern. ITT ist für sein „ITT Customer Partnership“ im Markt bekannt. In der Automobilindustrie gilt Toyota noch immer als Vorzeigeunternehmen, wenn es um die Verbesserung im Sinne der „Lean“-Methodik geht. Beim Multimarkenmanagement im Industriegüterbereich stellt Atlas Copco den Benchmark dar, mit dem das Unternehmen durch die Gestaltung von Markensynergien versucht, die geographische Abdeckung und die Marktdurchdringung deutlich zu verbessern (vgl. Eckert und Grübel 2014).

Die vorangestellten Beispiele verdeutlichen, dass der traditionelle Branchenwettbewerb in der Vergangenheit insbesondere auf der strategischen und auf der operativen Ebene ausgetragen und entschieden wurde. Der Verbindung zwischen der strategischen und der operativen Ebene dient in dieser Sicht dann das operative Geschäftsmodell („operating business model“). Häufig wird in diesem Zusammenhang dann auch reduzierend vom „Geschäftsmodell“ gesprochen,.

Vor dem Hintergrund dieses Zusammenhangs soll zunächst auf den bekannten und traditionellen Blick auf die Strategie und das operative Geschäftsmodell weiter eingegangen werden. Dabei werden auch die bekannten grundsätzlichen Strate-

R. Eckert, *Herausforderung Hyperwettbewerb in der Branche,* essentials,
DOI 10.1007/978-3-658-11260-8_2

gieansätze dargestellt. Im Anschluss daran wird kurz auf das Modell der „Business Model Canvas" als bekanntes Beispiel für einen operativen Geschäftsmodellansatz eingegangen.

2.1 Strategien im traditionellen Branchenwettbewerb

Der Strategiebegriff hat sich aus dem militärischen Sprachgebrauch heraus entwickelt und sowohl in der wissenschaftlichen, als auch in der praxisbezogenen Literatur in den letzten Jahrzehnten eine breite Anwendung gefunden. Dennoch wird der Begriff noch immer in unterschiedlich abstrakten Begriffsdefinitionen und in unterschiedlichen inhaltlichen Ausprägungen genutzt (vgl. Simon 2003a, S. 22). So beschreibt Simon „Strategie" in einer zusammenfassenden Begriffsdefinition als das Wissen, was man will und gleichzeitig auch als das Wissen, was man nicht will. Damit zusammen hängt dann auch das Schaffen von Innovationen (vgl. Simon 2003a, S. 22 f.). Betrachtet man diese und auch weitere Begriffsdefinitionen, dann kann Robert (2006, S. 48) durchaus zugestimmt werden, der schon vor Jahren auf eine schwer überschaubare Vielfalt des Strategiebegriffs verwies:

> Some authors define strategy as the goal or objective, while others define it as the means or the tactics. Others view strategy as long-term planning versus short-term.

Trotz der Unterschiede scheint im Mittelpunkt der verschiedenen Ausprägungen von „Strategie" jedoch immer das Bemühen zu stehen, ein Unternehmen im aktuellen und zukünftigen Branchen- und Wettbewerbsumfeld erfolgreich zu positionieren. Deshalb geht es in den klassischen strategischen Überlegungen dann um das strategische Profil – d. h. die Produkte, die Kundensegmente, die Branchen- und Industriesegmente sowie die geographischen Märkte und Regionen – eines Unternehmens. Die Strategie dient der Konzeption und Umsetzung des strategischen Profils eines Unternehmens, und hat damit auch eine Filterfunktion, wie ein Unternehmen die Welt sieht. Die Konzeption des strategischen Profils kann dabei mit einem Blick geschehen, der stärker nach außen (marktorientierte Strategieansätze) oder stärker nach innen (ressourcenorientierte Strategieansätze) orientiert ist (vgl. hierzu auch Simon 2003).

Die *marktorientierten Strategieansätze* wurden insbesondere durch die Veröffentlichungen von Michael Porter geprägt. Insbesondere die Veröffentlichungen zur Branchenstrukturanalyse anhand von fünf Wettbewerbskräften („Five Forces"), die Analyse der Wertaktivitäten eines Unternehmens („Value Chain Analysis") und seine späteren Ausführungen zu nationalen Wettbewerbsunterschieden („Porter's diamond") hatten und haben einen erheblichen Einfluss auf diese strategische Perspektive.

Im Mittelpunkt der Überlegungen von Porter steht das Bemühen von Unternehmen, sich eine verteidigungsfähige, strategische Wettbewerbspositionierung, und damit eine Differenzierung zum Wettbewerb zu erarbeiten. In diesem Zusammenhang unterscheidet Porter zwischen struktur- und positionsbedingten Wettbewerbsvorteilen. Ein *strukturbedingter Wettbewerbsvorteil* entsteht hierbei durch die erfolgreiche Auswahl einer möglichst attraktiven und damit wenig wettbewerbsintensiven Branche. Es geht somit um die Entscheidung, in welcher Branche ein Unternehmen aktiv sein soll. Im Zusammenhang mit dem *positionsbedingten Wettbewerbsvorteil* steht die attraktive Positionierung eines Unternehmens *innerhalb der ausgewählten und grundsätzlich attraktiven Wettbewerbsbranche* im Mittelpunkt. Diese Positionierung innerhalb der Branche wird nach Porter dann auch maßgeblich von den bekannten generischen Unternehmensstrategien beeinflusst. In diesem Sinne entstehen die positionsbedingten Wettbewerbsvorteile demnach entweder durch die Kostenführerschafts- oder durch die Differenzierungsstrategie.

Nach Porter (1997) ist die dargestellte *strategische Positionierung zur Erlangung eines positionsbedingten Wettbewerbsvorteils das Kernstück der Unternehmensstrategie im traditionellen Branchenwettbewerb*. Ein Unternehmen muss zunächst seine Wettbewerbsstrategie festlegen, und hieraus eine konsistente strategische Positionierung ableiten. Diese erfolgreiche strategische Positionierung ist unbedingt notwendig, damit ein Unternehmen der betrieblichen Effektivitäts- und Effizienzfalle im Sinne eines „selbstzerstörerischen Wettbewerbs" (Porter 1997) entkommen kann. Dieser selbstzerstörerische Wettbewerb entsteht, wenn Unternehmen sich nur noch auf operative Verbesserungen konzentrieren und den Fokus auf die eigene strategische Positionierung verlieren.

In dieser Sichtweise ist eine hohe betriebliche Effektivität (z. B. Produktivität, Qualität, Schnelligkeit) zwar nötig, aber nicht hinreichend für einen nachhaltigen Unternehmenserfolg. So gelingt es Unternehmen nur sehr selten, aufgrund einer besseren betrieblichen Effektivität nachhaltig besser zu sein, als der Wettbewerb (vgl. Porter 1997, S. 2 ff.). Trotzdem hat bei einer Mehrzahl der Unternehmen das Streben nach Effektivität den Platz der Strategie eingenommen.

Die strategische Positionierung *zur Erlangung eines positionsbedingten Wettbewerbsvorteils setzt sich* aus drei strategischen Schwerpunkten zusammen (vgl. Porter 1997, S. 6): Bei der *produktvariantenbezogenen Positionierung* geht es um die Festlegung der Produkt- und Servicevarianten, die ein Unternehmen am Markt anbieten möchte. Damit beschreibt die variantenbezogene Positionierung das Wert- bzw. Nutzenangebot, d. h. das Paket von Produkten und Dienstleistungen, welches den ausgewählten Kundensegmenten angeboten werden soll. Bei der *bedarfsbezogenen Positionierung* stehen die Bedürfnisse der Zielkunden im Mittelpunkt. Dies entspricht dem Kundennutzen bzw. den Nutzenkriterien, die ein Unternehmen anbieten kann. Bei der *zugangsbezogenen Positionierung* geht es um den konkreten Zugang zu den Zielkunden. Damit stehen die Zugangskanäle im Mittelpunkt. Die zugangsbezogene Positionierung beschreibt demnach, wie ein Unternehmen seine Kundensegmente erreichen und ansprechen möchte. Dies kann z. B. über eigene Verkaufsabteilungen, über einen Internetverkauf oder über Partnerfilialen oder Großhändler erfolgen.

Im Zusammenhang mit der strategischen Positionierung im klassischen Branchenwettbewerb bleibt festzuhalten, dass im klassischen Branchenwettbewerb häufig nicht alle Positionierungsschwerpunkte auch tatsächlich zur Positionierung genutzt werden (müssen). So betont Porter, dass zur strategischen Positionierung eines Unternehmens auch nur ein strategischer Positionierungsschwerpunkt ausreichend ist:

> Strategische Positionen können auf Bedürfnisse von Kunden basieren, dem Zugang zu ihnen oder auf einzigartigen Produkten oder Dienstleistungen. (Porter 1997, S. 8)

Im klassischen Branchenwettbewerb scheint in diesem Zusammenhang dann insbesondere die variantenbezogene Positionierung von Bedeutung zu sein (vgl. auch Hettich et al. 2015, S. 56).

Auch die strategische Positionierung garantiert jedoch keine dauerhaften Wettbewerbsvorteile. Vielmehr werden die Wettbewerber versuchen, die erfolgreiche strategische Positionierung eines Konkurrenten nachzuahmen (vgl. Porter 1997).

Neben den marktorientierten Strategieansätzen haben sich in den 1990er Jahren zunehmend auch die sogenannten *ressourcenorientierten Strategieansätze* etabliert (vgl. im Folgenden z. B. auch Hümmer 2001, S. 49 ff.). Unter den ressourcenorientierten Strategieansätzen werden im Allgemeinen die Strategieansätze verstanden, die versuchen, den Erfolg eines Unternehmens auf die Existenz einzigartiger Ressourcen zurückzuführen. Als Gegenposition zu den marktorientierten Strategieansätzen kritisieren die sogenannten „resource-based view"-Ansätze deren einseitige Ausrichtung auf die Marktseite. Die „Outside-in" Betrachtung der marktorientierten Ansätze wird bei den ressourcenorientierten Ansätzen demzufolge durch eine umgekehrte „Inside-out"-Betrachtung ersetzt.

Während die marktorientierte Sicht insbesondere mit dem Namen von Porter verbunden ist, wird die ressourcenorientierte Sicht durch eine Vielzahl von Veröffentlichungen und Thesenpapieren geprägt. Gemeinsam ist diesen Ansätzen jedoch die Annahme, dass die Wettbewerbsvorteile eines Unternehmens weniger auf eine überlegene markseitige Positionierung zurückzuführen ist. Unternehmen bestehen vielmehr aus einem Bündel von spezifischen und heterogenen Ressourcen. Aus dieser Heterogenität entstehen dann die unternehmensspezifischen Wettbewerbsvorteile.

Im Kern der ressourcenorientierten Ansätze steht somit die Annahme, dass sich die Strategie eines Unternehmens aus den vorhandenen Ressourcen ableiten muss. Ein Unternehmen stellt in dieser Sicht eine Kombination von Ressourcen dar, welche die unternehmensbezogenen Stärken und Schwächen determinieren und damit den Erfolg bestimmen:

> (…) firm resources include all assets, capabilities, organizational processes, firm attributes, information, knowledge, etc. controlled by a firm to conceive of and implement strategies that improve its efficiency and effectiveness. (Barney 1991, S. 101)

Durch die richtige strategische Ausrichtung müssen diese Stärken genutzt, und die Schwächen weitgehend vermieden werden. Eine weitere Annahme des ressourcenorientierten Ansatzes besteht darin, dass es keine vollständige Transparenz hinsichtlich der verfügbaren Ressourcen auf den Beschaffungsmärkten gibt. Damit stehen den Unternehmen nicht notwendigerweise dieselben Ressourcen zur Verfügung. Diese Ressourcenheterogenität gilt als eine der wesentlichen Prämissen der ressourcenorientierten Ansätze (vgl. Barney 1991).

Die inhaltliche Ausgestaltung des Ressourcenbegriffs hat sich in den letzten Jahren kontinuierlich weiterentwickelt, ohne dass hierbei eine einheitliche Sichtweise entstanden wäre. So verstand Wernerfelt (1984), einer der ersten Vertreter dieser Forschungsrichtung, unter Ressourcen im Allgemeinen alle möglichen Quellen für die Stärken und die Schwächen eines Unternehmens. Barney (1991) bezeichnete unter Ressourcen das Wissen, die Kenntnisse, die Aktivitäten und die Prozesse im Unternehmen. Damit umfassen „Ressourcen" nicht nur die materiellen und finanziellen Aktiva eines Unternehmens, sondern auch das Wissen und die Fähigkeiten der Mitarbeiter, die Unternehmenskultur, die Organisationsstruktur oder das Unternehmensimage[1] (vgl. z. B. Hümmer 2001, S. 57 ff.).

Aufbauend auf den Annahmen und der Logik des ressourcenorientierten Ansatzes entwickelten Prahalad und Hamel (1990, 1991) den Kernkompetenzen-Ansatz. Demnach stellen Kernkompetenzen das Ergebnis eines Entwicklungsprozesses der Ressourcen und der Fähigkeiten eines Unternehmens dar. Bei den Kernkompetenzen handelt es sich um immaterielle Vermögensgegenstände, die in keiner Bilanz auftauchen und keiner Abnutzung unterliegen. Gleichwohl können die Kernkompetenzen eines Unternehmens im Zeitverlauf an Wert verlieren. Gleichzeitig stellen Hamel und Prahalad fest, dass die Kernkompetenzen eines Unternehmens nicht getrennt vom Kundennutzen gesehen werden können, den das Unternehmen anbietet. Kernkompetenzen sind vielmehr ein „Bündel an Fähigkeiten und Technologien, die es einem Unternehmen ermöglichen, seinen Kunden einen bestimmten Nutzen anzubieten".

---

[1] Vgl. zur historischen Entwicklung des ressourcenorientierten Ansatzes auch Hümmer (2001) und die darin enthaltenen Literaturhinweise.

Mit den bekannten Veröffentlichungen zum Thema ist es Hamel und Prahalad gelungen, der ressourcen- und kompetenzorientierten Perspektive eine breitere Beachtung sowohl in der Wissenschaft als auch in der Unternehmenspraxis zu geben. Dennoch konnten die vorhandenen begrifflichen Unterschiede der verschiedenen Ansätze und Überlegungen, die einer weiteren Verbreitung im Wege standen und stehen, nicht beendet werden.

Mit der zunehmenden Dynamisierung des Wettbewerbs sind die bekannten einseitigen markt- und ressourcenorientierten Strategieansätze jedoch unter Druck geraten: Es wurde in den letzten Jahrzehnten zunehmend klarer, dass eine moderne Strategieauffassung es nahe legt, dass externe Chancen und interne Fähigkeiten gleichgewichtig in der Strategieentwicklung eines Unternehmens zu berücksichtigen sind. In der Konsequenz sind daraus die *integrierten Strategieansätze* entstanden (vgl. Simon 2003b).

Die *integrierten Strategieansätze* versuchen, diese Kritikpunkte an den einseitigen markt- oder ressourcenorientierten Strategieansätzen aufzunehmen und die Überlegungen der marktorientierten Strategieansätze mit den Überlegungen der ressourcenorientierten Ansätze zu verbinden.

2.2 (Operatives) Geschäftsmodell im traditionellen Branchenwettbewerb

Mit der zunehmenden Dynamisierung des Wettbewerbsgeschehens hat in den vergangenen Jahren auch der Begriff „Geschäftsmodell" deutlich an Bedeutung gewonnen. So hat eine Studie der Economist Intelligence Unit bereits im Jahr 2005 gezeigt, dass über 50 % der befragten Führungskräfte der Meinung waren, dass zukünftig insbesondere die Geschäftsmodelle und die Geschäftsmodellinnovationen für den Erfolg eines Unternehmens wichtiger werden würden. Ein ähnliches Resultat zeigt die Befragung von Pohle und Chapman (2006) im Rahmen der IBM CEO Studie.

Im allgemeinen Verständnis stehen Strategie und Geschäftsmodell – genauer ist hier immer das operative Geschäftsmodell gemeint – in einer engen Beziehung zueinander. So leitet sich aus der traditionellen Sicht das (operative) Geschäftsmodell aus der (integrierten) Unternehmensstrategie ab; das Geschäftsmodell selbst dient als Blaupause für das Organisations- und IT-Modell (vgl. Abb. 2.1).

Kombiniert man dieses allgemeine Verständnis der Beziehung zwischen Strategie und Geschäftsmodell, so kann man auch hier zunächst einmal die zunehmende gemeinsame Bedeutung der markt- und ressourcenorientierten strategischen Perspektiven für die Ableitung des operativen Geschäftsmodells sehen:

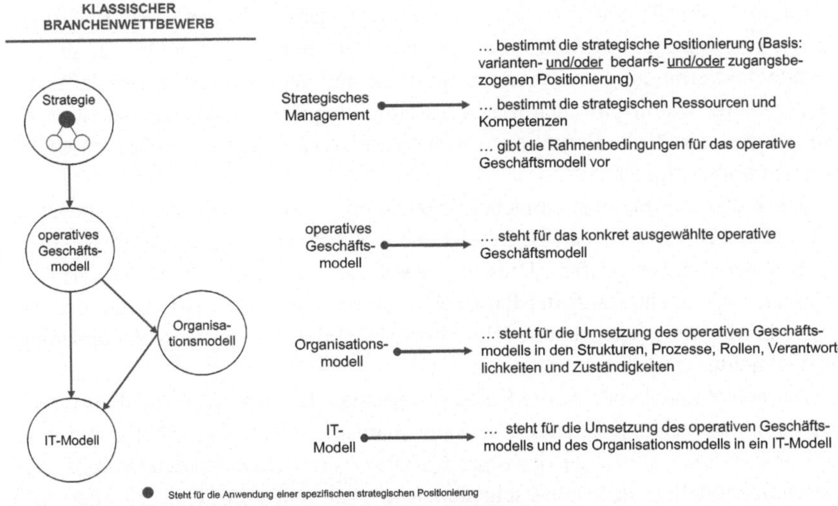

Abb. 2.1 Klassischer Branchenwettbewerb – von der Strategie über das operative Geschäftsmodell zum Organisations- und IT-Modell. (eigene Abbildung; Roland Eckert)

- Aus einer marktorientierten Perspektive in Anlehnung an Porter leitet sich das operative Geschäftsmodell aus den generischen marktorientierten Wettbewerbsstrategien und der strategischen Positionierung – der variantenbezogenen Positionierung, der bedarfsbezogenen Positionierung und der zugangsbezogenen Positionierung – eines Unternehmens ab. Die strategische Positionierung ist wiederum Ausgangspunkt für die Bestimmung des operativen Geschäftsmodells eines Unternehmens (vgl. Porter 1997).
- Aber auch in den ressourcenorientierten Strategieansätzen existiert eine Verbindung zwischen der Strategie und dem operativen Geschäftsmodell. So stellt z. B. der Managementberatungs- und IT-Dienstleister Accenture mit der „Competitive Essence" eine Verbindung zwischen der Strategie und dem „Operating Business Model" eines Unternehmens her. Die „Competitive Essence" bezeichnet hierbei ein „set of capabilities which makes the company truly differentiated and distinctive". Die „Competitive Essence" dient somit als ressourcenbasierter „magnetic pole to guide operating model decisions" (Accenture 2010, S. 5 ff.).

Zusammenfassend kann man feststellen, dass sich sowohl in den markt- als auch in den ressourcenorientierten Überlegungen *das operative Geschäftsmodell eines Unternehmens aus seiner (markt- und/oder ressourcenorientierten) Unternehmens- bzw. Wettbewerbsstrategie ableitet*. Während bei Porter jedoch die strategische Positionierung als Verbindungselement zwischen der Unternehmensstrategie und dem Geschäftsmodell im Mittelpunkt steht, geht es in den ressourcenorientierten Überlegungen eher um die ressourcenorientierte „Competitive Essence", welche die Verbindung zwischen der Strategie und dem operativen Geschäftsmodell herstellt. Damit gilt auch hier, dass eine integrierte Strategieperspektive als Ausgangspunkt für die Entwicklung von operativen Geschäftsmodellen im Unternehmen notwendig ist.

Trotz dieser scheinbar einfachen Beziehung zwischen „Strategie" und „Geschäftsmodell" ist der Begriff „Geschäftsmodell" in der Theorie und Praxis doch noch immer schwer greifbar. Dies liegt aus unserer Sicht insbesondere darin begründet, dass sich im Laufe der Jahre sehr unterschiedliche Begriffsprägungen und Perspektiven auf „Geschäftsmodelle" herausgebildet haben, die nicht unbedingt überschneidungsfrei sind.

Betrachtet man zunächst die Kategorisierungen der Geschäftsmodellansätze in der deutschsprachigen Literatur, so kann man feststellen, dass häufig zwischen den *technologieorientierten*, den *organisationstheoretischen* und den *strategischen* Geschäftsmodellansätzen unterschieden wird (vgl. Wirtz 2011, S. 23 oder auch Eckert 2014, S. 63 ff.). Hierbei stellen die *technologieorientierten Ansätze* die frühesten Geschäftsmodellansätze dar. Im Mittelpunkt dieser technologieorientierten Ansätze steht der informationstechnologische Blick auf das Geschäftsmodell, d. h. es geht hier um die technologieorientierte Weiterentwicklung des Prozessmodells eines Unternehmens (vgl. Wirtz 2011, S. 14). Man kann somit festhalten, dass in den technologieorientierten Ansätzen Geschäftsmodelle insbesondere als (operatives) Werkzeug zur Systemmodellierung verstanden werden. Mit Hilfe der systematischen technologieorientierten Ansätze soll eine Reduzierung der Komplexität der IT (vgl. Hedmann und Kalling 2002, S. 113), und eine Verbesserung der Unternehmensperformance auf der Prozessebene realisiert werden (vgl. Afuah und Tucci 2003, S. 3 f.).

Mit den *organisationstheoretischen Geschäftsmodellansätzen* wurde dann versucht, die enge Verbindung des Geschäftsmodells zum Informationssystem eines Unternehmens teilweise aufzulösen. Während bei den technologieorientierten Ansätzen insbesondere die integrierte Prozess- und Technologieperspektive im Mittelpunkt stand, wurde in den organisationsorientierten Überlegungen zunehmend die Wertschöpfungs-Architektur des Unternehmens als abstrakte Repräsentation des Geschäftsmodells in den Mittelpunkt gestellt (vgl. auch Wirtz 2011, S. 51 ff.). Dabei sprechen die organisationsorientierten Ansätze häufig auch vom „operativen Geschäftsmodell" bzw. auch vom „operating business model" (vgl. Treacy und Wiersema 1997 oder auch Lindner und Cantrell 2000). So definieren Lindner und Cantrell in diesem Sinne das „operating business model" als

> the organization's core logic for creating value. The business model of a profit oriented enterprise explains how it makes money. Since organizations compete for customers and resources, a good business model highlights the distinctive activities and approaches that enable the firm to succeed – to attract customers, employees, and investors, and to deliver products and services profitably. (Lindner und Cantrell 2000, S. 5)

Die organisationsorientierte Perspektive auf „Geschäftsmodelle" stellt somit die operativ-organisatorische Sicht in den Mittelpunkt. Als eines der wesentlichen Ziele dieser Ansätze wird dann auch häufig die Verbesserung der operativen Steuerung von Unternehmen genannt.

Schließlich existieren noch die strategischen bzw. die strategieorientierten Geschäftsmodellansätze. Bei diesen Ansätzen geht es insbesondere um die Frage, wie durch Geschäftsmodellinnovationen und Geschäftsmodellveränderungen neue Wettbewerbsvorteile für ein Unternehmen generiert werden können. Zu diesem Zweck werden dann bspw. Kundennutzen und strategische Ressourcen in den Mittelpunkt gestellt.

In einem weiteren Systematisierungsversuch unterscheiden Morris et al. (2003) in ihren Ausführungen zwischen *ökonomischen*, *operativen* und *strategischen* Geschäftsmodellansätzen:

> At the *most rudimentary level*, the business model is defined solely in terms of the firm's *economic model*. The concern is with the logic of profit generation. Relevant decision variables include revenue source, pricing methodologies, cost structures, margins, and expected volumes. (…) At the *operational level*, the model represents an *architectural configuration*. The focus is on *internal processes and design of infrastructure* that enables the firm to create value. Decision variables include production or service delivery methods, administrative processes, resource flows, knowledge management, and logistical streams. (…) Definitions at the *strategic level* emphasize overall direction in the *firm's market positioning, interactions across organizational boundaries, and growth opportunities*. Of concern is competitive advantage and sustainability. Decision elements include stakeholder identification, value creation, differentiation, vision, values, and networks and alliances. (Morris et al. 2003, S. 726 f., kursiv durch den Autor)

Während die ökonomische Perspektive nur auf das ökonomische Gewinnmodell fokussiert (vgl. auch Brenner und Witte 2011, S. 21), verbindet die operationale Perspektive dieses Gewinnmodell mit der Wertschöpfungsarchitektur, d. h. dem Prozess- und Infrastrukturmodell eines Unternehmens. Im Zusammenhang mit dem strategischen Geschäftsmodell geht es bei Morris et al. dann insbesondere um die strategische Positionierung gegenüber den Wettbewerbern, um die definierten Grenzen der eigenen unternehmerischen Tätigkeit sowie um die Wachstumspotenziale des Unternehmens.

Schlüsselpartner	*Schlüsselaktivitäten*	*Wertangebote*	*Kundenbeziehungen*	*Kundensegmente*
... beschreibt das Netzwerk von Lieferanten und Partnern, die zum Gelingen des Geschäftsmodells beitragen	... beschreibt die wichtigsten Dinge, die ein Unternehmen tun muss, damit sein Geschäftsmodell funktioniert	... stellt das Paket an Produkten und Dienstleistungen dar, die für ein bestimmtes Kundensegment Wert schöpft	... beschreiben die Arten von Beziehungen, die ein Unternehmen mit bestimmten Kundensegmenten eingeht	... sind Gruppen von Personen oder Organisationen, die ein Unternehmen erreichen oder bedienen will
	Schlüsselressourcen		*Kanäle*	
	... beschreibt die wichtigsten Wirtschaftsgüter, die für das Funktionieren eines Geschäftsmodells notwendig sind		... stellen die Beschreibung dar, wie ein Unternehmen seine Kundenseg-mente erreicht und anspricht	
Kostenstruktur		*Einnahmequellen*		
... beschreibt alle Kosten, die bei der Ausführung eines Geschäftsmodells anfallen		... steht für die Einkünfte, die ein Unternehmen aus jedem Kundensegment bezieht (Umsatz minus Kosten gleich Gewinn)		

Abb. 2.2 Beispiel eines operativen Geschäftsmodellansatzes – das Business Model Canvas-Modell. (Abbildung in Anlehnung an Osterwalder und Pigneur 2010, S. 48, mit Definitionen ergänzt, siehe auch Eckert 2014, S. 72)

Trotz der Unterscheidung zwischen strategischen und operativen Geschäftsmodellansätzen bleiben die Abgrenzungen in den Ausführungen der Autoren relativ ungenau. Auf eine genauere Abgrenzung konnte man bisher aber auch verzichten, wenn man der Meinung folgte, dass sich strategische Geschäftsmodelle von den operativen Geschäftsmodellen lediglich durch einen expliziten Bezug zur Unternehmensstrategie (z. B. über ein Strategie(teil)modell) unterscheiden (vgl. Wirtz 2011).

Diese Unterscheidung erscheint einerseits unbefriedigend, da beide Geschäftsmodellansätze in dieser Sicht ineinander übergehen bzw. sich demzufolge auch in einem hohen Maße überschneiden. Andererseits gehen wir davon aus, dass mit einer zunehmenden Dynamisierung des Wettbewerbs eine saubere Trennung und Unterscheidung zwischen strategischen und operativen Geschäftsmodellen notwendig wird.

Die bisherigen Ausführungen haben gezeigt, dass im klassischen Branchenwettbewerb das operative Geschäftsmodell im Mittelpunkt steht. Hierbei kann insbesondere das Business Model Canvas-Modell von Osterwalder und Pigneur (2010, 2011) als bekanntes Beispiel für einen operativen Geschäftsmodellansatz angesehen werden. Hierbei definiert das Business Model Canvas-Modell ein operatives Geschäftsmodell auf der Grundlage von neun Bausteinen: Kundensegmente, Wertangebote, Kanäle, Kundenbeziehungen, Einnahmequellen, Schlüsselressourcen, Schlüsselaktivitäten, Schlüsselpartnerschaften und Kostenstruktur (vgl. Abb. 2.2).

Strategie und Geschäftsmodell im Branchen-Hyperwettbewerb

3

Im vorangegangen Abschnitt standen eine kurze Beschreibung des traditionellen Branchenwettbewerbs und eine Darstellung von Strategie und operativem Geschäftsmodell im traditionellen Branchenwettbewerb im Mittelpunkt. Gleichzeitig haben die bisherigen Ausführungen verdeutlicht, dass die Digitalisierung zu einer weiteren Beschleunigung des traditionellen Branchenwettbewerbs führen wird. Unternehmen werden sich deshalb zunehmend Gedanken über ihre Strategie und ihr strategisches Geschäftsmodell (Business Model Prototype) im Branchen-Hyperwettbewerb machen müssen. Genau diese Themen sollen nachfolgend im Fokus stehen.

3.1 Strategie im Branchen-Hyperwettbewerb

Die bisherigen Überlegungen haben „Strategien" und „operative Geschäftsmodelle" in Verbindung zum traditionellen Branchenwettbewerb gebracht. Dieser traditionelle Branchenwettbewerb wird sich jedoch zunehmend – u. a. durch die Digitalisierung – zu einem hyperdynamischen Branchenwettbewerb („Branchen-Hyperwettbewerb") entwickeln. In diesem Zusammenhang wird insbesondere dem „Internet der Dinge" („Internet of Things") und damit den „smarten bzw. intelligenten Produkten" eine besondere Auswirkung auf die Strategie und das Geschäftsmodell eines Unternehmens zugewiesen.

Allgemein hat bereits D'Aveni in seinen Überlegungen auf die Veränderungen im strategischen Management eines Unternehmens verwiesen. So hat er festgestellt, dass das Wettbewerbsgeschehen im Branchen-Hyperwettbewerb dynamisch zwischen verschiedenen Wettbewerbsfeldern wechseln wird. In Anlehnung an D'Aveni können zunächst vier Wettbewerbsfelder im hyperdynamischen Branchenwettbewerb unterschieden werden.

R. Eckert, *Herausforderung Hyperwettbewerb in der Branche,* essentials,
DOI 10.1007/978-3-658-11260-8_3

1. Das erste Wettbewerbsfeld im Hyperwettbewerb beschreibt den bekannten Preis-Qualitäts-Wettbewerb im Sinne von Michael Porter. In Anlehnung an Porter sind im Preis-Qualitäts-Wettbewerb die bekannten drei „generischen Wettbewerbsstrategien" entscheidend: die Kostenführerschafts- sowie die Differenzierungs- und die Fokussierungsstrategie.
2. Im zweiten Wettbewerbsfeld steht der wissensbasierte Zeitwettbewerb im Mittelpunkt. Hier geht es darum, dass Unternehmen durch innovative Produktentwicklungen versuchen, einen „Pionier"-Vorteil bzw. „First-to-Market"-Vorteil zu erreichen. Dies gelingt aber nur dann, wenn die organisatorische Wissensbasis kontinuierlich ausgebaut und weiterentwickelt wird. Wird dieser Wettbewerbsvorteil sukzessive durch den Wettbewerber eliminiert, geht der wissensbasierte Zeitwettbewerb wieder in einen Preis-Qualitäts-Wettbewerb über.
3. Im dritten Wettbewerbsfeld, dem sogenannten „*Abschottungswettbewerb*" (auch „zeitorientierter Wettbewerb"), steht der Aufbau von Markteintrittsbarrieren im Mittelpunkt der Wettbewerbsaktivitäten eines Unternehmens. In diesem Zusammenhang soll der Markteintritt eines Wettbewerbers erschwert oder verhindert werden. In Anlehnung an Porter kann ein Unternehmen versuchen den Markteintritt eines Wettbewerbers durch die Nutzung von bestehenden Erfahrungskurvenvorteilen, bereits vorhandener Produktdifferenzierungen, bereits getätigter Investitionen in relevante Ressourcen (z. B. Rohstoffe, Mitarbeiter, Wissen), eines proprietären Zugangs zu Vertriebskanälen zu verhindern. In unseren Überlegungen wird insbesondere dem Markenimage und den strategischen Ressourcen (z. B. spezifisches Produktions-Know-how) in diesem Zusammenhang eine besondere Bedeutung zukommen.
4. Als viertes Wettbewerbsfeld im Hyperwettbewerb existiert der *ressourcenbasierte Wettbewerb* („deep pocket"). Hierbei basiert der Wettbewerbsvorteil eines Unternehmens auf seiner *starken Ressourcen- oder Kompetenzbasis* (z. B. Finanzen, Wissen, Technologien), die das Unternehmen einsetzt, um einen Branchenwettbewerber aus dem Markt zu drängen.

Fasst man die Überlegungen von D'Aveni zusammen, so kann zunächst festgehalten werden, dass in einem Branchen-Hyperwettbewerb die unbedingte Notwendigkeit einer *integrierten Unternehmensstrategie* für Unternehmen an Bedeutung gewinnt. Während sich die Überlegungen zum Preis-Qualitäts-Wettbewerb und zum wissensbasierten Zeitwettbewerb sehr eng an die marktorientierten Überlegungen von Michael Porter anlehnen, stehen insbesondere beim ressourcenbasierten Wettbewerb eher die strategischen Ressourcen und Kompetenzen im Mittelpunkt.

Ergänzend haben Porter und Heppelmann (2014) versucht, die genannten Überlegungen für den hyperdynamischen Branchenwettbewerb weiterzuentwickeln.

Generell stellen Porter und Heppelmann dabei zunächst fest, dass auch im Branchen-Hyperwettbewerb die grundlegenden Strategieregeln weiter gelten:

> Wer einen Wettbewerbsvorteil erzielen will, muss sich mit seinem Angebot von der Konkurrenz absetzen und entweder einen Preisaufschlag durchsetzen oder die Kosten niedriger halten können als die anderen – oder beides. (Porter und Heppelmann 2014, S. 47 f.)

Zudem müssen Unternehmen im hyperdynamischen Branchenwettbewerb auch weiter operativ effizient bleiben. Dies sind aber nur einige Mindestanforderungen, um im Wettbewerb bestehen zu können, da die Wettbewerber versuchen werden, die gleichen Best Practices einzuführen und entsprechend nachzuziehen. Von wesentlicher Bedeutung ist und bleibt im Hyperwettbewerb deshalb die strategische Positionierung, die bereits an früherer Stelle dieser Ausführungen dargestellt wurde. Dies bedeutet, dass ein Unternehmen im Hyperwettbewerb noch stärker darauf achten muss, dem „selbstzerstörerischen Wettbewerb" zu entgehen.

Insbesondere das „Internet der Dinge" lässt erwarten, dass smarte Produkte die dargestellte Entwicklung im Branchen-Hyperwettbewerb weiter beeinflussen bzw. beschleunigen werden. Die bisherigen Ausführungen hatten bereits gezeigt, dass intelligente Produkte nicht nur das Produktsystem bzw. die Produktarchitektur eines Produkts verändern werden. Vielmehr ist auch davon auszugehen, dass diese produktnahen Veränderungen auch massive Auswirkungen auf die Branchenstrukturen, den Wettbewerb und die Rentabilität einer Branche haben werden. Um dies zu verdeutlichen, kann an die bekannten Überlegungen der „Five Forces" von Porter angeschlossen werden (vgl. Porter und Heppelmann 2014, S. 43 ff.):

- *Verhandlungsmacht der Käufer*: Smarte Produkte schaffen zum einen mehr Möglichkeiten der Produktdifferenzierung. Die Nutzenkategorien werden durch die Möglichkeiten der Digitalisierung zunehmend an die spezifischen Produkt- und Servicebedürfnisse der einzelnen Kundengruppen und -segmente angepasst. Dies hat zur Folge, dass der bekannte Preis-Qualitäts-Wettbewerb im Branchen-Hyperwettbewerb – wie bereits bei D'Aveni dargestellt – an Bedeutung verlieren wird, sowie durch andere Wettbewerbsfelder ergänzt oder ersetzt werden wird.
- *Verhandlungsmacht der Lieferanten*: Smarte Produkte verschieben die Verhandlungsmacht zwischen Lieferanten und Abnehmer. Insbesondere die Lieferanten von intelligenten Produktkomponenten werden ihre Verhandlungsmacht deutlich ausweiten können. Mit einer zunehmenden Verhandlungsmacht dieser

Lieferanten kann sich der Branchen-Hyperwettbewerb dann auch schnell zu einem Wettbewerb in Wettbewerbsarenen weiterentwickeln.
- *Bedrohung durch Marktneulinge*: Die Produktion von smarten Produkten wird auch zu einer zunehmenden Komplexität in den Produktionsprozessen führen. Komplexe Produktionsprozesse durch komplizierte Produktkonstruktionen oder eingebettete Technologien sind häufig fixkostenintensiv. Für neue Wettbewerber können diese sogenannten strategischen Ressourcen (siehe hierzu im Detail an späterer Stelle) den Einstieg einerseits erschweren; für bestehende Wettbewerber können diese strategischen Ressourcen der Abschottung dienen.
- *Bedrohung durch Ersatzprodukte*: Smarte Produkte lassen sich im Allgemeinen besser an die individuellen Bedürfnisse der Kunden anpassen. Damit können smarte Produkte die Bedrohung durch Ersatzprodukte verringern.
- *Rivalität zwischen Wettbewerbern*: Smarte Produkte können die Wettbewerbsintensität in einer Branche durch die zunehmenden Möglichkeiten der Produktdifferenzierung deutlich erhöhen. Wettbewerber können die Produkte zunehmend differenzieren, sowie die Mehrwertdienste im Rahmen der Produktdifferenzierung anbieten.

Aufgrund der Veränderungen wird sich auch die Bedeutung der bereits dargestellten Wettbewerbsfelder verändern. Während im klassischen Branchenwettbewerb der Preis-Qualitäts-Wettbewerb über Jahrzehnte im Mittelpunkt stand, wird sich der Wettbewerb im Hyperwettbewerb zunehmend zu einem wissensbasierten Wettbewerb verändern, bei dem dann insbesondere smarte Produkt- und Dienstleistungsinnovationen von Bedeutung sein werden. Gleichzeitig wird aber auch dem Abschottungswettbewerb durch den Aufbau von Markteintrittsbarrieren eine besondere Bedeutung zukommen. Diese Abschottung im Hyperwettbewerb wird aber neue Züge annehmen und kann entweder durch strategische Ressourcen (z. B. unternehmensspezifische IT-Systeme) oder auch durch ein entsprechendes Markenimage gelingen (vgl. Eckert 2014, S. 145 ff.).

In Anlehnung an diese Überlegungen muss dann aber auch das Thema der strategischen Positionierung für den Branchen-Hyperwettbewerb entsprechend weiterentwickelt werden. Die klassische strategische Positionierung eines Unternehmens fokussiert auf drei Positionierungsschwerpunkten, die theoretisch entweder einzeln oder in Kombination auftreten können: die variantenbezogene Positionierung, die bedarfsbezogene Positionierung und die zugangsbezogene Positionierung. Bei der variantenbezogenen Positionierung geht es um die Festlegung der Produkt- oder Servicevarianten. Die bedarfsbezogene Positionierung fokussiert auf die Befriedigung ausgewählter Bedürfnisse einer spezifischen Kundengruppe. Die zugangsbezogene Positionierung beschäftigt sich damit, wie spezifische Kundengruppen gezielt erreicht werden können. Die vorangestellten Ausführungen zum klassischen Branchenwettbewerb haben jedoch gezeigt, dass im Branchenwettbewerb die strategische Positionierung häufig alleine anhand eines zu bestimmenden Positionierungsschwerpunkts festgelegt wird. Die anderen Positionierungsschwerpunkte sind diesem bestimmenden Kriterium nachgeordnet.

Im hyperdynamischen Branchenwettbewerb scheint diese „fokussierte" strategische Positionierung aber nicht mehr auszureichend zu sein. Die häufig bestimmende variantenbezogene Positionierung muss gleichwertig durch die bedarfs- und zugangsbezogene strategische Positionierung ergänzt werden. So nutzen Unternehmen im Hyperwettbewerb bspw. zunehmend das detaillierte Wissen über die Bedürfnisse und das Verhalten der Kunden, um weitere Produktvarianten zu entwickeln und diese Varianten auf spezifische Branchennischen zuzuschneiden (vgl. Hettich et al. 2015, S. 57). Dies führt dann aber auch zu einer neuen Geschäftsmodelllogik[1] (vgl. Hettich et al. 2015, S. 57).

Betrachtet man vor diesem Hintergrund die entsprechenden Ausführungen von Porter und Heppelmann (2014), so kann man für den Branchen-Hyperwettbewerb feststellen, dass die drei strategischen Positionierungsschwerpunkte gemeinsam zunehmend wichtiger werden: So geht es bei der variantenbezogenen Positionierung im Branchen-Hyperwettbewerb zunehmend um einen Mehrwert für den Kunden, den das smarte Produkt durch die intelligenten Produktfunktionen liefern soll. Zusätzlich geht es bei der Festlegung der Produktvarianten aber auch zunehmend um die Frage, welche Produktfunktionen in das Produkt integriert oder in die Cloud ausgelagert werden sollen. Diese variantenbezogene Positionierung muss mit der bedarfsbezogenen Positionierung für den Kunden verbunden werden. Hier muss dann z. B. auch bestimmt werden, für welche smarten bzw. intelligenten Funktionen und Varianten ein Kunde zu zahlen bereit ist. So bietet z. B. Schneider Electric den verschiedenen Kundensegmenten zunehmend verschiedene Produktlösungen an, welche von Produktlösungen durch smarte Bauprodukte bis hin zu integrierten Gebäude-Managementlösung reichen. Letztendlich gewinnt im Branchen-Hyperwettbewerb dann auch die zugangsbezogene Positionierung weiter an Bedeutung.

Entsprechend ermöglichen smarte Produkte nach Porter und Heppelmann (2014, S. 57 f.) einen radikalen Wandel des langjährigen operativen Geschäftsmodells. So bestand in der Vergangenheit das operative Geschäftsmodell der klassischen Produktionsunternehmen darin, physische Produkte herzustellen und an die Kunden zu veräußern. Für die Wartung und den Unterhalt sowie für die damit

[1] Der Begriff der Geschäftslogik wird in der Literatur häufig in einem scheinbaren Sinnzusammenhang zu Geschäftsmodellen genannt. An späterer Stelle werden wir diesen Begriff davon abweichend im Zusammenhang mit dem Zusammenspiel der Komponenten eines strategischen Geschäftsmodells verwenden.

zusammenhängenden Risiken von Produktionsausfällen und -fehlern waren dann die Kunden verantwortlich. Zukünftig können die Hersteller durch die Produktdaten und die Vernetzung diese Fehler vorhersehen und gegebenenfalls frühzeitig Gegenmaßnahmen ergreifen. Dies setzt jedoch eine Weiterentwicklung bzw. Veränderung des operativen Geschäftsmodells (z. B. Business Model Canvas) voraus.

3.2 Strategisches Geschäftsmodell im Branchen-Hyperwettbewerb

Der dargestellte Fokus auf den klassischen Zusammenhang zwischen der Strategie und dem operativen Geschäftsmodell scheint im Branchen-Hyperwettbewerb jedoch nicht mehr ausreichend zu sein. Durch die zunehmende Bedeutung der bedarfs- und zugangsbezogenen Positionierung im Vergleich zu der variantenbezogenen Positionierung können in einer Branche zunehmend Unternehmen mit branchenfremden Business Model Prototypes (strategischen Geschäftsmodellen) auftreten. Deshalb ist gerade in den Zeiten eines hyperdynamischen Branchenwettbewerbs die Unterscheidung zwischen strategischem und operativem Geschäftsmodell zunehmend wichtig (vgl. hierzu Eckert 2014, S. 94 ff. oder auch S. 102 ff.).

Dieser Sichtweise folgend hat Eckert (2014) vorgeschlagen, die strategischen und die operativen Geschäftsmodellansätze voneinander zu trennen. Dabei schließt Eckert (2014, S. 101 ff.) an die Überlegungen von Baden-Fuller und Morgan an. Baden-Fuller und Morgan leiten ihre Überlegungen zu Geschäftsmodellen aus dem Vergleich mit Modellen bzw. Modellkonstruktionen in der Architektur ab:

> Architects construction models have been used for centuries, not just to persuade donors to fund construction, nor only to specify aspects of the building contract, but in many cases (…) to illustrate salient details of radically new construction techniques to carpenters and masons. This notion of a model as something that *demonstrates* a technology (…),is particularly interesting, as such models often display or instantiate matters of principle (…) as well as details of style and content (…). (…) There is no particular name already given for such models, but they can be well conceived of as recipes: they employ some general principles (…) as well as particular details of the ingredients (…). They lie between *principles* – general theory – and *templates* – exact and exhaustive rules (…). (Baden-Fuller und Morgan 2010, S. 165 f., kursiv im Original).

Diese Beschreibung eröffnet nun aber auch die Möglichkeit, das strategische und das operative Geschäftsmodell in eine veränderte Begriffssystematik einzuordnen und zu beschreiben. Demnach ist ein strategisches Geschäftsmodell vergleichbar mit dem Modell eines Architekten, welches die wesentlichen Details und Wirkzusammenhänge eines Geschäftsmodells beschreibt. Das operative Geschäftsmodell ist dann vergleichbar mit einem Template, welches aus dem „Architektur-Modell" abgeleitet wird (z. B. Business Model Canvas von Osterwalder und Pigneur) und einen detaillierten Umsetzungsplan liefert.

- Die *Trennung zwischen strategischem und operativem Geschäftsmodell* wird in der Wissenschaft zwar betont, aber bisher nicht eindeutig definiert. Folgt man der Mehrzahl der deutschsprachigen Autoren, so entsteht ein strategisches Geschäftsmodell durch die Erweiterung eines operativen Geschäftsmodells um ein sogenanntes strategisches Teilmodell. In diesem Fall ist es dann auch verständlich, wenn manche Autoren anstelle eines strategischen Geschäftsmodells dann auch alternativ von einem integrierten Geschäftsmodell sprechen wollen.
- In dieser genannten Perspektive kann die Mehrzahl der aktuellen Veröffentlichungen zu Geschäftsmodellen dann der operativen Perspektive zugeordnet werden. Strategische Geschäftsmodellüberlegungen würden somit nur als Teil der integrierten Geschäftsmodellansätze zu existieren.
- In der Praxis wird häufig nur vom „Geschäftsmodell" gesprochen. Dabei wird der Begriff häufig jedoch stellvertretend für den Begriff „operatives Geschäftsmodell" bzw. „operating business model" verwendet.
- Vor dem Hintergrund dieser mangelnden begrifflichen Trennung in der Theorie und Praxis scheinen die Überlegungen von Baden-Fuller und Morgan einen Fortschritt zu bieten: Daran anschließend ist ein *strategisches Geschäftsmodell vergleichbar mit dem Modell eines Architekten*, das die *wesentlichen Details und Wirkzusammenhänge der Wertschöpfung* beschreibt. Es kommt somit nicht nur auf die Elemente an, sondern auch auf das spezifische Zusammenspiel zwischen diesen Elementen. Das *operative Geschäftsmodell* wäre dann vergleichbar *mit einem detaillierten Template*, welches aus dem spezifischen strategischen Geschäftsmodell, dessen Elementen und den spezifischen Wechselwirkungen abgeleitet und verfeinert wird.

Diesen zusammenfassenden Überlegungen folgend unterscheidet Eckert (2014, S. 63 ff.) zwischen strategischen und operativen Geschäftsmodellen. Ein strategisches Geschäftsmodell – der „Business Model Prototype" setzt sich dann aus sechs Bausteine zusammen (vgl. Abb. 3.1).

Dabei steht der „Business Model Prototype" als Schlüsselbegriff für das strategische Geschäftsmodell eines Unternehmens. Die Entwicklung des Business Model Prototypes setzt an den strategischen Fähigkeiten eines Unternehmens an, die sich aus der strategischen Kompetenz und den strategischen Prozessen zusammensetzen (vgl. auch Long und Vickers-Koch 1995, S. 12 f.). Die strategische Kompetenz und die strategischen Prozesse machen in Verbindung mit den Nut-

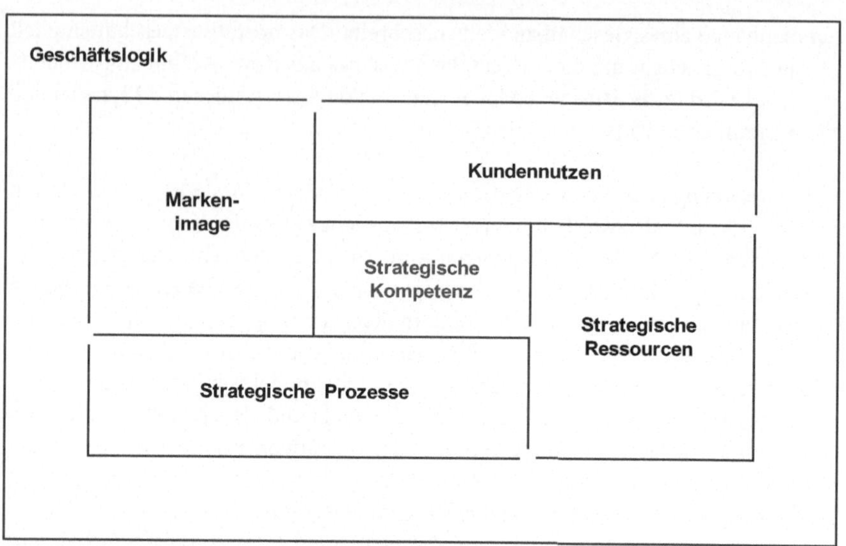

Abb. 3.1 Strategischer Geschäftsmodellansatz – Business Model Prototype im Fokus. (Eigene Abbildung)

zenkriterien, welche das Unternehmen den Kunden anbieten möchte, den inneren Kern des Business Model Prototype aus. Die weiteren Elemente „Markenimage" und „strategische Ressourcen" dienen zunächst insbesondere der Absicherung und der Verteidigung dieses inneren Kerns[2]. Gleichzeitig können das Markenimage und die strategischen Ressourcen damit aber auch die Entwicklungsmöglichkeiten des „inneren Kerns" einschränken. So kann beispielsweise das in den strategischen Ressourcen gebundene Kapital Investitionsvorhaben in andere strategische Ressourcen behindern. In ähnlicher Weise kann auch das Markenimage den Wechsel von einer strategischen Kompetenz zu einer anderen strategischen Kompetenz erschweren. Zusätzlich gehört auch die Geschäftslogik eines Unternehmens zu dessen Business Model Prototype.

In der kurzen Zusammenfassung kann man nun bezüglich der beschriebenen Elemente des Business Model Prototypes festhalten (vgl. ausführlicher Eckert 2014):

[2] An dieser Stelle sei an die zunehmende Bedeutung von Markenimage und strategischen Ressourcen im Branchen-Hyperwettbewerb erinnert. Siehe hierzu auch die Ausführungen bei Eckert (2014)

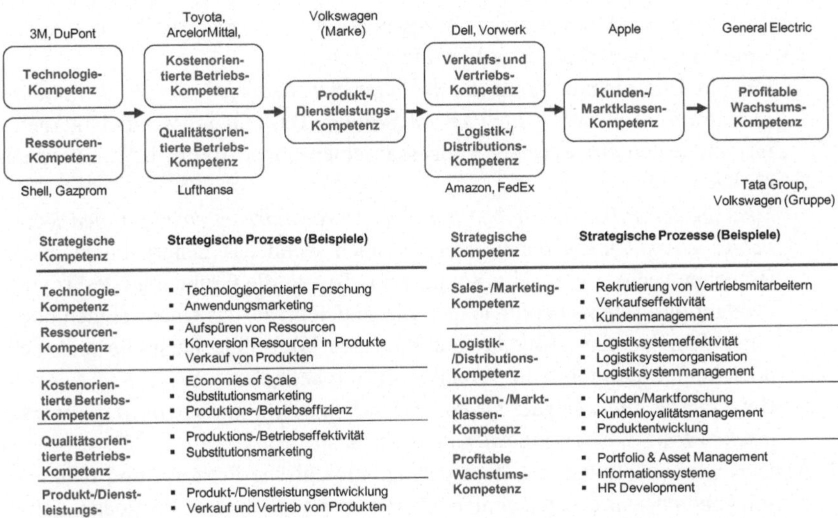

Strategische Kompetenz	Strategische Prozesse (Beispiele)
Technologie-Kompetenz	▪ Technologieorientierte Forschung ▪ Anwendungsmarketing
Ressourcen-Kompetenz	▪ Aufspüren von Ressourcen ▪ Konversion Ressourcen in Produkte ▪ Verkauf von Produkten
Kostenorientierte Betriebs-Kompetenz	▪ Economies of Scale ▪ Substitutionsmarketing ▪ Produktions-/Betriebseffizienz
Qualitätsorientierte Betriebs-Kompetenz	▪ Produktions-/Betriebseffektivität ▪ Substitutionsmarketing
Produkt-/Dienstleistungs-Kompetenz	▪ Produkt-/Dienstleistungsentwicklung ▪ Verkauf und Vertrieb von Produkten

Strategische Kompetenz	Strategische Prozesse (Beispiele)
Sales-/Marketing-Kompetenz	▪ Rekrutierung von Vertriebsmitarbeitern ▪ Verkaufseffektivität ▪ Kundenmanagement
Logistik-/Distributions-Kompetenz	▪ Logistiksystemeffektivität ▪ Logistiksystemorganisation ▪ Logistiksystemmanagement
Kunden-/Markt-klassen-Kompetenz	▪ Kunden/Marktforschung ▪ Kundenloyalitätsmanagement ▪ Produktentwicklung
Profitable Wachstums-Kompetenz	▪ Portfolio & Asset Management ▪ Informationssysteme ▪ HR Development

Abb. 3.2 Strategische Kompetenzen und strategische Prozesse – zusammenfassende Darstellung. (Eigene Abbildung in Anlehnung an Eckert 2014)

1. *Strategische Kompetenz*: Die Überlegungen zur strategischen Kompetenz schließen an die entscheidungstheoretischen Forschungsarbeiten von Kepner und Tregoe an. Demnach existiert im Unternehmen eine „treibende Kraft", welche die strategischen Entscheidungen über das strategische Profil eines Unternehmens – Produkte, Märkte und Geographien – bestimmt (vgl. Tregoe und Zimmermann 1981, S. 58 ff.).
   Folgt man diesen Überlegungen, so können zwar verschiedene Kompetenzen identifiziert werden; nur eine davon ist jedoch die strategische Kompetenz, an der die strategischen Prozesse eines Unternehmens ansetzen. Grundlegend in dieser Überlegung ist, dass kein Unternehmen in allen relevanten Kompetenzbereichen den gleichen Gütegrad erreichen kann und es genau eine strategische Kompetenz gibt, die für ein Unternehmen im Sinne einer Unternehmens-DNA handlungs- und entscheidungsleitend ist (vgl. Abb. 3.2).
2. *Strategische Prozesse*: Eng mit der strategischen Kompetenz eines Unternehmens verbunden sind die strategischen Prozesse, die zusammen mit der strategischen Kompetenz die strategische Fähigkeit eines Unternehmens darstellen. „Strategische Prozesse" sind die Prozesse eines Unternehmens, welche notwendig sind, um die strategische Kompetenz, d. h. das spezifische Wissen und die spezifischen Erfahrungen eines Unternehmens, die in der strategischen Kompe-

tenz gebunden sind, umzusetzen. Bezogen auf die strategischen Prozesse eines Unternehmens kann deshalb festgehalten werden:

- Für ein Unternehmen sind die *strategischen Prozesse für den Unternehmenserfolg von entscheidender Bedeutung*. Deshalb muss ein Unternehmen in seinen strategischen Prozessen einen hohen Reife- bzw. Gütegrad besitzen.
- *Strategische Prozesse bleiben bei einer unveränderten strategischen Kompetenz eines Unternehmens stabil* – auch wenn das Unternehmen einen Branchenwechsel vollzieht. So hat z. B. Toyota die Grundzüge des Toyota Produktionssystems bereits in den Jahren gelegt, als das Unternehmen noch unter dem Namen „Toyoda" automatische Webstühle herstellte und sich noch keine Automobile im Produktportfolio befanden.
- Bei einer *Veränderung der strategischen Kompetenz müssen auch die strategischen Prozesse des Unternehmens verändert werden.*

3. *Nutzenkriterien*: Strategische Kompetenz, strategische Prozesse und Kundennutzen gehören sehr eng zusammen. Dennoch ermöglicht erst die (gedankliche) Trennung der Elemente eine kohärente Abstimmung der genannten Elemente. Diese gedankliche Trennung ist notwendig, da ein neues oder verändertes strategisches Geschäftsmodell eben nicht nur durch eine neue strategische Kompetenz entstehen kann, sondern auch durch das Schaffen neuer Nutzenkriterien im Sinne von Nutzeninnovationen („Value Map") (vgl. Kim und Mauborgne 2005 und Eckert 2014, S. 139 ff.).
4. *Markenimage*: Nach Kapferer (2011) ist eine „Marke" ein „bedingter Vermögensgegenstand" („conditional assets"), der seinen Nutzen nur in einer engen Beziehung zu anderen Vermögensgegenständen entwickelt. Zusätzlich stellte er fest, dass das Markenimage auf der Unternehmensebene immer auch in einer engen Beziehung zum Geschäftsmodell eines Unternehmens steht. Der Zusammenhang von Geschäftsmodell und Markenimage hat hierbei einen wesentlichen Einfluss darauf, wie ein Unternehmen einerseits am Markt agiert, und anderseits, ob und wie es auf neue Wettbewerber reagiert:

> It is therefore time to recognise that the great novelty of the 1990s was the appearance of radically different business models, opening the market to previously unknown and innovative actors. The brands already in place proved no barrier to their entry, since the newcomers' business models completely overturned the range available. They provided value innovations. The brand is an active conditional: it depends on the quality of its business model. Now, to struggle in ultra-competitive circumstances, it is therefore necessary to become more strategist than marketer: that is, to integrate the brand into an original and effective business model. (Kapferer 2011, S. 154).

5. *Strategische Ressourcen*: Im Zusammenhang mit dem Business Model Prototype dienen die ausgewählten strategischen Ressourcen insbesondere der Absicherung des Kerns des Business Model Prototypes. Strategische Ressourcen sorgen ähnlich wie das Markenimage für eine verteidigungsfähige Position des Unternehmens. Diesem Vorteil kann jedoch auch ein Nachteil innewohnen. Wenn sich die strategische Kompetenz in einer Branche weiterentwickelt, so kann dies dazu führen, dass auch neue oder andere strategische Ressourcen notwendig werden. Dann kann jedoch das in den strategischen Ressourcen gebundene Kapital die notwendigen Veränderungen wesentlich erschweren. Je mehr Kapital ein Unternehmen zum Aufbau seiner verteidigungsfähigen Position in die vorhandenen strategischen Ressourcen investiert hat, desto schwieriger wird es für dieses Unternehmen werden, die einmal geschaffene Position (freiwillig) wieder aufzugeben (vgl. hierzu auch Eckert 2014, S. 159 ff.).
6. *Geschäftslogik*: Die Geschäftslogik beschreibt die grundlegenden Zusammenhänge im strategischen Geschäftsmodell, welche aus dem Zusammenspiel von strategischer Kompetenz, strategischen Prozessen, Markenimage, strategischen Ressourcen und angestrebtem Kundennutzen entstehen. Im Wesentlichen entspricht die Darstellung der Geschäftslogik einem sogenannten „causal loop diagram" aus den genannten Elementen.

Die bisherigen Ausführungen haben verdeutlicht, dass sich der klassische Branchenwettbewerb deutlich vom Branchen-Hyperwettbewerb unterscheiden wird. Diese Veränderungen werden auch deutliche Auswirkungen auf die Führung von Unternehmen haben. Dabei betreffen die Veränderungen zum einen die strategische Ebene, zum anderen aber auch die strategische Geschäftsmodellebene:

- Der Branchen-Hyperwettbewerb zeichnet sich durch einen permanenten Wechsel zwischen den bereits genannten vier verschiedenen Wettbewerbsfeldern – dem Preis-Qualitäts-Wettbewerb, dem wissensbasierten Wettbewerb, dem Abschottungswettbewerb und dem ressourcenbasierten Wettbewerb – aus.
- Entsprechend den genannten Wettbewerbsfeldern gehen wir davon aus, dass sich auch die Innovationsschwerpunkte im Branchen-Hyperwettbewerb kontinuierlich verschieben. Während im Preis-Qualitäts-Wettbewerb die Produkt-, Dienstleistungs- und Prozessinnovationen im Mittelpunkt stehen, kommt beim wissensbasierten Wettbewerb insbesondere den Produkt- und Dienstleistungsinnovationen eine besondere Bedeutung zu. Beim Abschottungswettbewerb geht es insbesondere um den Aufbau von Markteintrittsbarrieren durch das Markenimage und durch die strategischen Ressourcen. Beim ressourcenbasierten Wettbewerb geht es letztendlich um die Veränderung der strategischen

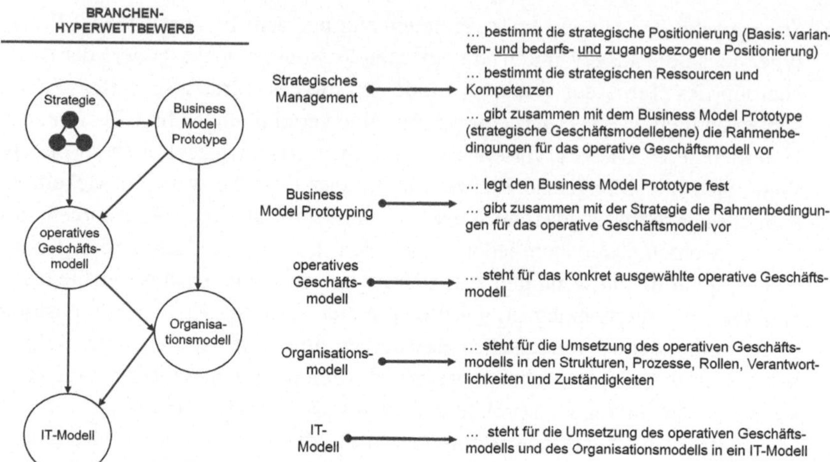

Abb. 3.3 Branchen-Hyperwettbewerb – von der Strategie über Business Model Prototype und/oder operativem Geschäftsmodell zum Organisations- und IT-Modell. (Eigene Abbildung)

Fähigkeiten, d. h. die strategische Kompetenz und strategischen Prozesse, im Unternehmen.

- Die Digitalisierung im Branchenwettbewerb wird zu einer weiteren Dynamisierung führen: Zum einen werden andere strategische Fähigkeiten und damit insbesondere andere strategische Kompetenzen in Unternehmen zunehmend relevant werden. Zum anderen wird aber auch die Digitalisierung in den Produkten und Dienstleistungen zu Veränderungen und zu einem zunehmenden Wettbewerb in Wettbewerbsarenen führen.

Die dargestellten Zusammenhänge lassen sich anhand der vorangestellten Darstellung wie folgt beschreiben. Hierbei bleibt festzustellen, dass im hyperdynamischen Branchenwettbewerb der grundlegende Zusammenhang zwischen Strategie, operativem Geschäftsmodell und Organisationsmodell – siehe die Ausführungen an früherer Stelle – nur scheinbar unverändert bleiben. So ist im hyperdynamischen Branchenwettbewerb regelmäßig zu prüfen, ob der Business Model Prototype eines Unternehmens verändert werden muss (vgl. Abb. 3.3).

4 Handlungsempfehlungen für den Branchen-Hyperwettbewerb

Die Ausführungen haben gezeigt, dass der klassische Branchenwettbewerb insbesondere auf der strategischen Ebene, der operativen Geschäftsmodellebene und der operativen Ebene stattfindet. Demgegenüber wird sich der Branchen-Hyperwettbewerb zunehmend auf der strategischen Geschäftsmodellebene abspielen. Damit ergeben sich zwei wesentliche Veränderungsschwerpunkte für das Management von Unternehmen:

- Zum einen muss der strategische Management-Prozess im Unternehmen an die neuen Herausforderungen des Hyperwettbewerbs angepasst werden.
- Zum anderen müssen Unternehmen sehr viel stärker das Business Model Prototyping im Rahmen ihrer strategischen Veränderungsprogramme (z. B. Restrukturierung, Mergers & Acquisitions und Post Merger Integration) berücksichtigen.

Diese beiden Schwerpunkte und die hieraus resultierenden Anpassungsbedarfe sollen im Folgenden skizziert und dargestellt werden, wobei zunächst der klassische strategische Management-Prozess im Mittelpunkt steht. Hierbei lässt sich der klassische strategische Management-Prozess durch mehrere bekannte Phasen beschreiben. Gleichzeitig werden auch einige grundlegende Überlegungen von Hamel und Prahalad (1997) in unsere Überlegungen integriert.

Hamel und Prahalad unterscheiden im Rahmen der verschiedenen Phasen des strategischen Management-Prozesses verschiedene „Wettbewerbsschwerpunkte", die in den verschiedenen Phasen des strategischen Management-Prozesses im Mittelpunkt stehen. In Anlehnung an die Ausführungen von Hamel und Prahalad sprechen wir im Folgenden von dem „Wettbewerb um den Industrievorausblick", dem „Wettbewerb um die intellektuelle Führung", dem „Wettbewerb um den richtigen Veränderungsweg" und dem „Wettbewerb um die richtige Marktpositionierung".

R. Eckert, *Herausforderung Hyperwettbewerb in der Branche,* essentials,
DOI 10.1007/978-3-658-11260-8_4

In der bekannten Darstellung beginnt der klassische strategische Management-Prozess[1] mit dem Wettbewerb um den Industrievorausblick, der nicht nur die strategische Analyse der Wettbewerbs- und Branchenlogik, die Analyse der aktuellen und potenziellen Kunden sowie die Analyse der eigenen Stärken und Schwächen in den Mittelpunkt stellt. Vielmehr geht es beim Wettbewerb um den Industrievorausblick auch um die Analyse von möglichen zukünftigen Entwicklungslinien und Brüchen in Technologien, Demografie, Gesetzgebung, Lebensgewohnheiten, etc. Im Wettbewerb um die intellektuelle Führung steht dann die Entwicklung der richtigen Unternehmensstrategie und die Ableitung der Rahmenbedingungen für das operative Geschäftsmodell im Mittelpunkt. Die anschließende Konzeption und Umsetzung der notwendigen Veränderungen stehen im Mittelpunkt des Wettbewerbs um den richtigen Veränderungsweg. Letztendlich geht es im Wettbewerb um die richtige Marktpositionierung dann um die klassischen Fragestellungen des bekannten strategischen und operativen Umsetzungsmanagements in Unternehmen.

Beim Übergang vom klassischen Branchenwettbewerb zum Branchen-Hyperwettbewerb muss ein Unternehmen zunächst diesen klassischen strategischen Management-Prozess zum „neuen strategischen Management-Prozess" weiterentwickeln (vgl. Abb. 4.1).

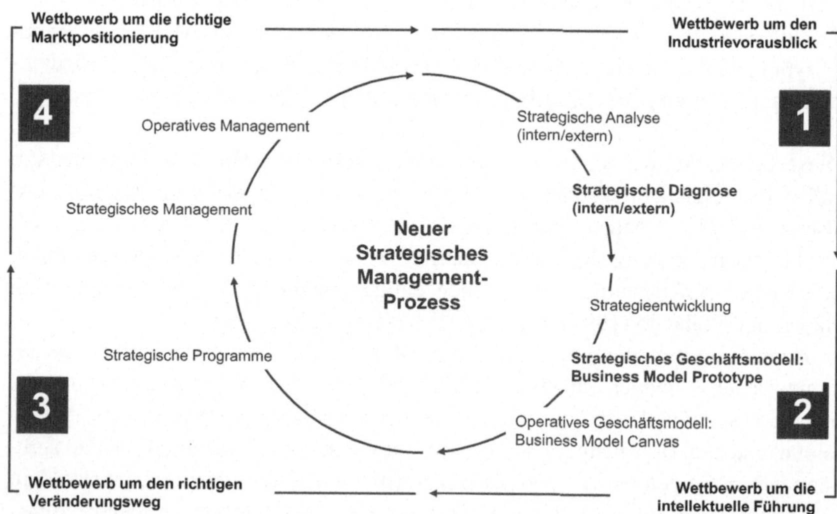

Abb. 4.1 Neuer strategischer Management-Prozess. (eigene Abbildung in Anlehnung an Eckert 2014)

[1] Vgl. stellvertretend für eine Vielzahl von Beschreibungen des klassischen strategischen Management-Prozesses Nagel und Wimmer (2009, 101 ff.).

Im Wesentlichen wird es hierbei darum gehen, die strategische Analyse im o. g. Sinne durch eine strategische Diagnose des eigenen strategischen Geschäftsmodells und der Geschäftsmodelle der Wettbewerber zu ergänzen (vgl. auch Eckert 2014, S. 191 ff.).

1. *Diagnose des Business Model Prototypes des eigenen Unternehmens bzw. der eigenen Unternehmensbereiche:* Hier stehen nicht nur die Diagnose der strategischen Fähigkeiten, d. h. die strategische Kompetenz und die strategischen Prozesse, und die Diagnose der Nutzenkriterien, welche das Unternehmen bietet, im Mittelpunkt. Hier wird es sich auch lohnen, das Markenimage des eigenen Unternehmens im Zusammenhang mit den eigenen Nutzenkriterien und die strategischen Ressourcen zu analysieren.
2. *Diagnose des Business Model Prototypes von ausgewählten Branchenwettbewerbern:* Hier steht insbesondere die Diagnose der strategischen Fähigkeiten, d. h. die strategische Kompetenz und die strategischen Prozesse, dieser Branchenwettbewerber im Mittelpunkt. Betrachtet man die bekannten Branchenumbrüche, so fällt auf, dass diese insbesondere von Branchenwettbewerbern ausgingen, deren strategischen Fähigkeiten bzw. deren strategische Kompetenz, sich von der den strategischen Fähigkeiten bzw. der vorherrschenden strategischen Kompetenz in der Branche maßgeblich unterschieden.

Zudem muss das Schwerpunktthema „Business Model Prototype" auch in den Wettbewerb um die intellektuelle Führung und auch in den Wettbewerb um den richtigen Veränderungsweg integriert werden. Eine reine Diagnose reicht nicht aus. Vielmehr müssen die entsprechenden Konzepte für den Business Model Prototype im Rahmen von strategischen Veränderungsprogrammen im Unternehmen auch umgesetzt werden.

Damit wird das „Business Model Prototyping" auch Auswirkungen auf die klassische Unternehmensentwicklung, auf das klassische Vorgehen bei Unternehmenstransaktionen und auf das klassische Vorgehen bei Unternehmensrestrukturierungen haben (vgl. Eckert 2014, S. 207 ff.).

Bei der *Unternehmensentwicklung* muss zunehmend davon ausgegangen werden, dass sich das eigene Unternehmen in einem Branchen-Hyperwettbewerb befinden wird[2]. Dabei kann im Branchen-Hyperwettbewerb noch davon ausgegangen werden (im Gegensatz zu einem Wettbewerb in der Wettbewerbsarena, vgl. Eckert 2015), dass die Mehrzahl der Wettbewerber mit der gleichen strategischen

[2] In einem weiteren Buch aus der Essential-Reihe werden wir uns mit dem (Hyper-) Wettbewerb in der Wettbewerbsarena einführend beschäftigen.

Kompetenz agieren. Im Vergleich der verschiedenen Business Model Prototypes kommt es deshalb darauf an, die Nutzenkurven, das Markenimage und mögliche funktionale Vernetzungen in den strategischen Ressourcen des eigenen Unternehmens im Vergleich zu den Wettbewerbern zu analysieren.

Zusätzlich steht auch im Branchen-Hyperwettbewerb die strategische Positionierung im Mittelpunkt. Dabei muss diese strategische Positionierung jedoch auf alle drei Positionierungsschwerpunkte – das ist ein weiterer Unterschied zum klassischen Branchenwettbewerb – fokussieren. Eine reduzierte Fokussierung auf die variantenbezogene Positionierung ist im Branchen-Hyperwettbewerb nicht mehr ausreichend.

Die neue Perspektive auf die strategischen Fähigkeiten hat jedoch nicht nur einen Einfluss auf die klassische Unternehmensentwicklung, sondern auch auf *Mergers & Acquisitions (Unternehmensakquisitionen)* von Unternehmen. Im Allgemeinen werden in der Theorie und Praxis aus einer allgemeinen strategischen Perspektive fünf verschiedene Typen von Unternehmenstransaktionen unterschieden: Transaktion zur Beseitigung von Überkapazitäten bzw. Branchenkonsolidierung, Transaktion zum Eintritt in neue Regionen bzw. Geografien, Transaktion zum Eintritt in neue Märkte oder Produkte, Transaktion als Ersatz für eigene Forschungs- und Entwicklungsaktivitäten sowie Transaktion zum aktiven Zusammenführen von Branchen bzw. Industrien (vgl. Bower 2001). Diese bekannte Kategorisierung der verschiedenen Transaktionstypen stellt alleine die Verbesserung des strategischen Profils – die Produkt-Markt-Geografie-Positionierung – in den Mittelpunkt. Auch diese Überlegungen müssen durch die Einbindung der Überlegungen zum Business Model Prototype für den Branchen-Hyperwettbewerb weiterentwickelt werden. Dann können zunächst drei verschiedene Kategorien von Unternehmenstransaktionen und Unternehmensintegrationen unterschieden werden.

1. *Konsolidierungstransaktion und -integration:* Bei Konsolidierungstransaktionen sind die strategischen Fähigkeiten von Käufer- und Zielunternehmen identisch. Damit sind auch die Business Model Prototypes weitgehend identisch. Bei der Integration eines Unternehmens mit identischen strategischen Kompetenzen geht es somit zunächst um die Stärkung des aktuellen strategischen Profils, und damit um die aktuelle strategische Position im Produkt-Markt-Umfeld des Käuferunternehmens. Um diese Stärkung zu erreichen, wird im Allgemeinen eine vollständige Integration notwendig sein.
2. *Performancetransaktion und -integration:* Performancetransaktionen haben das Ziel, die strategische Positionierung des Erwerbers und damit das operative Geschäftsmodell des Erwerbers zu verbessern. Im Mittelpunkt der Performancetransaktionen stehen somit Zielunternehmen mit der gleichen stra-

tegischen Kompetenz. Käufer- und Zielunternehmen unterscheiden sich jedoch im Reifegrad ihrer strategischen Prozesse. So ist davon auszugehen, dass die strategischen Prozesse im Zielunternehmen einen höheren Reifegrad besitzen. Bei der Performanceintegration muss somit eine selektive Integration im Fokus stehen.

3. *Kompetenztransaktion und -integration:* Kompetenztransaktionen haben den Erwerb eines Unternehmens zum Ziel, welches eine andere strategische Kompetenz und andere strategische Prozesse (zusammengefasst strategische Fähigkeiten) besitzt. Entscheidend ist somit der Vergleich der strategischen Fähigkeiten von Käufer- und Zielunternehmen. Bei einer Kompetenzintegration wird im Allgemeinen ein Zielunternehmen mit einer anderen strategischen Kompetenz erworben. Das Unternehmen besitzt seine Stärken in einer anderen strategischen Kompetenz, und damit auch in anderen strategischen Prozessen. In diesem Fall kann allenfalls eine „minimale" Integration in ausgewählten Randfunktionen vorgenommen werden.

Auch mit dem Fokus auf die klassische *Restrukturierung* bringt die Betrachtung des Business Model Prototypes weitere Verbesserungen in der Vorgehensweise. Im allgemeinen Verständnis ist die traditionelle Vorstellung von „Restrukturierung" durch die bekannte V-Kurve geprägt: erst gesund schrumpfen, dann wachsen. Der operativen Restrukturierung bzw. Verbesserung folgt die strategische Restrukturierung bzw. Neuausrichtung.

Bei einer erfolgreichen strategischen Restrukturierung darf sich die Neuausrichtung im Branchen-Hyperwettbewerb jedoch nicht auf die Neuausrichtung auf der strategischen Produkt-Markt-Ebene beschränken. Es muss vielmehr zusätzlich geprüft werden, inwieweit die strategische Kompetenz, die strategischen Prozesse und die angebotenen Nutzenkriterien nachhaltig den erreichten Erfolg stabilisieren können. Andernfalls verbleibt das Unternehmen – trotz der scheinbar (kurzzeitigen) erfolgreichen Restrukturierung – in einem „selbstzerstörerischen Hyperwettbewerb" mit der Konsequenz, dass die Restrukturierung nur temporär zu einer Atempause geführt hat.

Was Sie aus diesem Essential mitnehmen können

Der vorliegende Beitrag der Essentials-Reihe stellt kurz und prägnant den Zusammenhang zwischen Strategie, operativen und strategischen Geschäftsmodellen im klassischen Branchenwettbewerb und im Branchen-Hyperwettbewerb dar. Es wird deutlich, dass die Anforderungen an die klassische strategischen Positionierung im Sinne von Michael Porter sowie die Anforderungen an die strategische Geschäftsmodellentwicklung – dem Business Model Prototyping – mit der zunehmenden Dynamisierung des Branchenwettbewerbs ansteigt. Gleichzeitig zeigt das Essential auf, wie der strategische Management-Prozess an diese Veränderungen angepasst werden muss. Zusätzlich zeigen die Ausführungen, wie das Business Model Prototyping in die klassische Unternehmensentwicklung, in die Unternehmensakquisition und -integration sowie in die Unternehmensrestrukturierung integriert werden muss.

R. Eckert, *Herausforderung Hyperwettbewerb in der Branche,* essentials,
DOI 10.1007/978-3-658-11260-8

Literatur

Accenture (2010) The future of electronics and high tech. Developing international operating models for the next era of competition, o. O.

Afuah A, Tucci CL (2003) Internet business models and strategies, text and cases. McGraw-Hill, New York

Baden-Fuller C, Morgan MS (2010) Business models as models. Long Range Plan 43:156–171

Barney JB (1991) Firm resources and sustained competitive advantage. J Manage 17(1):99–120

Bower JL (2. April 2001) Not all M & As are alike – and that matters. Harvard Business School Working Knowledge, 1–5

Brenner W, Witte C (2011) Business Innovation. CIOs im Wettbewerb der Ideen. Frankfurter Allgemeine Buch, Frankfurt a. M.

Eckert R (2013) Unternehmen gezielt verändern. Technol Manage (03):30–32

Eckert R (2014a) Business Model Prototyping. Geschäftsmodellentwicklung im Hyperwettbewerb. Strategische Überlegenheit als Ziel. Springer Gabler, Wiesbaden

Eckert R (2014b) Impact of digitization on business processes and value creation, unveröffentlichter Vortrag am 30.Juli 2014 an der macromedia Hochschule in München, Düsseldorf

Eckert R (2015) Herausforderung Hyperwettbewerb in Wettbewerbsarenen. Strategie und strategisches Geschäftsmodell im Fokus. Springer Gabler, Wiesbaden

Eckert R, Grübel H (2014) Das Ende der Wettbewerbsvorteile. Lünendonk Handbuch Consulting, 132–136

Economist Intelligence Unit (2005) Business 2010. Embracing the challenge of change, o. O.

D'Aveni RA (1994) Hypercompetition: managing the dynamics of strategic maneuvring. Free Press, New York (1995)

Hamel G, Prahalad CK (1997) Wettlauf um die Zukunft. Ueberreuter Wirt., F., Wien

Hedman J, Kalling T (2002) IT and business models: concepts and theories. Copenhagen Business School Press, Malmö

Hettich E, Schimmer M, Müller-Stewens G (2015) Die Wiedergeburt der Diversifikation. Harv Bus Manag 55–61

Hümmer B (2001) Strategisches Management von Kernkompetenzen im Hyperwettbewerb: Operationalisierung kernkompetenzorientierten Managements für dynamische Umfeldbedingungen. Deutscher Universitäts-Verlag, Wiesbaden

R. Eckert, *Herausforderung Hyperwettbewerb in der Branche,* essentials,
DOI 10.1007/978-3-658-11260-8

Kapferer J-N (2011) The new strategic brand management. Creating and sustaining brand equity long term, 4. Aufl. KoganPage, London

Kim WC, Mauborgne R (2005) Der Blaue Ozean als Strategie. Wie man neue Märkte schafft, wo es keine Konkurrenz gibt. Carl Hanser, München

Lindner JC, Cantrell S (2000) Changing business models: surveying the landscape. Accenture Institute for Strategic Change, Hamilton, 1–15

Long C, Vickers-Koch M (1995) Using core capabilities to create competitive advantage, in Organizational Dynamics, Summer 1995, 7–22

McGrath RG (2013a) The end of competitive advantage: how to keep your strategy moving as fast as your business. Harvard Business School Press, Boston

McGrath RG (2013b) Plädoyer für ein anderes Kurzfristdenken. Harv Bus Manag 56–65

Morris M, Schindehutte M, Allen J (2003) The entrepreneur's business model: toward a unified perspective. J Bus Res 58, 726–735

Nagel R, Wimmer R (2009) Systemische Strategieentwicklung. Modelle und Instrumente für Berater und Entscheider, 5., aktualisierte und erweitere Aufl. Schäffer-Poeschel, Stuttgart

Osterwalder A, Pigneur Y (2010) Business model generation. A handbook for visionaries, game changers, and challengers. Wiley, Frankfurt a. M.

Osterwalder A, Pigneur Y (2011) Business Model Generation. Ein Handbuch für Visionäre, Spielveränderer und Herausforderer. Campus Verlag, New Jersey

Pohle G, Chapman M (2006) IBM's global CEO report 2006: business innovation matters. Strateg Leadersh 34(5):34–40

Porter ME (1997) Nur Strategie sichert auf Dauer hohe Erträge. Harv Bus Manag 3/1997, 2–17

Porter ME, Heppelmann JE (2014) Wie smarte Produkte den Wettbewerb verändern. Harv Bus Manag 34–60

Prahalad CK, Hamel G (1990) The core competence of the corporation. Harv Bus Rev 68:79–91

Prahalad CK, Hamel G (1991) Nur Kernkompetenzen sichern das Überleben. Harv Bus Manag 13(2):66–78

Robert M (2006) The new strategic thinking. Pure & simple. McGraw-Hill, New York

Roland B (Hrsg) (o. J.) e-bible 1.0

Simon H (Hrsg) (2003) Strategie im Wettbewerb, 50 handfeste Aussagen zur wirksamen Unternehmensführung. Frankfurter Allgemeine Buch, Frankfurt a. M.

Simon H (2003a) Was ist Strategie? In: Simon H (Hrsg) Strategie im Wettbewerb, 50 handfeste Aussagen zur wirksamen Unternehmensführung. Frankfurter Allgemeine Buch, Frankfurt a. M., 22–23

Simon H (2003b) Integrierte Strategie. In: Simon H (Hrsg) Strategie im Wettbewerb, 50 handfeste Aussagen zur wirksamen Unternehmensführung. Frankfurter Allgemeine Buch, Frankfurt a. M., 52–54

Thomas RJ, Kaas A, Davarzani L (2013) How digital technologies are changing the way we work, Outlook. J High Perform Bus (Nachdruck des Artikels aus der Ausgabe 3. Jg. 2013) 1–8

Treacy M, Wiersema F (1997) Marktführerschaft: Wege zur Spitze. Campus Verlag, München

Tregoe BB, Zimmermann JW (1981) Top Management Strategie. Verlag moderne industrie, Zürich

Welt am Sonntag (8. Januar 2012) An der Spitze wird die Luft immer dünner, 34

Wernerfelt B (1995) The resource-based view of the firm: ten years after. Strateg Manage J 16:171–174

Wirtz BW (2011) Business Model Management. Design – Instrumente – Erfolgsfaktoren von Geschäftsmodellen, 2. Aufl. Gabler, Wiesbaden